# Dann dichte!

## Gedichte von Jupp Balkenhol

Der kleine Jüppe Balkenhol war begeistert
von der Dichtkunst seiner Tante Güste.

Er fragte seine Mutter Maria:
„Mama, kannst du auch Gedichte machen?"
„Nein Jüppe, dafür habe ich keineZeit."
„Ich möchte aber dichten, Mama!"

Mutter Maria:
**„Dann dichte!"**

2017 Jupp Balkenhol
www.plattdeutsch-westfalen.de

Herstellung und Verlag:
BoD - Books on Demand, Norderstedt
ISBN 978-3-7448-0926-9

# Die Erde

Einst sprach der liebe Gott: „Es werde!"
und so erschuf er diese Erde
mit ihrer wunderbaren Pracht -
ein Werk, von Schöpfers Hand gemacht.

Halt nur ein kleines Weilchen inne -
verlass Dich ganz auf Deine Sinne
und schau Dich auf der Erde um:
„Welch herrliches Panoptikum!"

Du siehst schon mit dem ersten Blick -
die Erde ist ein großes Glück.
Der Mond ist nur ein toter Stein -
belichtet von der Sonne Schein.

Doch auf der Erde da ist Leben -
da ist Weben, da ist Streben,
da ist Wachsen und Gedeihen -
und vieles, um Dich zu erfreuen.

Wer sich in diese Welt verliebt,
der weiß, dass es den Herrgott gibt!


*Ä hai de Äre erschaffen har, dao hiät de Hiärguott sagt:*
*„Wat iek maket hewwe, dat ies guet -*
*niu matt iek aower äök en bittken Plasoier dran hewwen!"*

3

# Der Maikäfer

Bis aus ihm ein Käfer werde,
lebt er dunkel in der Erde -
eine unansehnlich fade
und gefräßig weiße Made.

Einem Totengräber gleich
wandert er durchs Schattenreich.
Nach vier Jahren erst - im Mai -
ist die „Erdenzeit" vorbei.

Frei er durch die Hülle bricht,
kommt heraus ans Tageslicht
und genießt zum ersten Mal
froh der Sonne hellen Strahl.

Kurz bemessen ist die Zeit,
da er sich des Lichtes freut.
Einen Sommer darf er seh´n,
dass die Erde wunderschön.

*„In der schoinsten Jaohrestuit*
*kuemmet de Maikawels iut der Äre."*

# Schmetterling

Der Schmetterling - der Schmetterling
wird Sonnenvogel auch genannt.
Er ist ein sonnenhungrig Ding
und schon bei Kindern gut bekannt.

Wenn Schmetterlinge sich entfalten -
in jeden hellen Tag verliebt -
und ihre Schönheit ausgestalten,
dann freut man sich, dass es sie gibt.

Beschwingt sie durch die Lüfte schweben -
gelockt vom süßen Blumenduft -
des Sommers Vielfalt reich beleben -
getragen von der lauen Luft.

Wie sie über Wiesen gaukeln -
herrlich beschwippst vom Nektar süß -
von Blume sie zur Blume schaukeln -
ein kleines Stück vom Paradies.

Ob Pfauenauge, Admiral,
der kleine Fuchs, der braune Bär -
getroffen von der Sonne Strahl -
wer preist des Schöpfers Schönheit mehr?

# Eintagsfliegen

Ihr Lebenslauf ist kein Problem -
da heißt es nur: „Carpe diem!"

Sie müssen sich keine Mühe geben
in ihrem kurzen Eintagsleben.
Sie nutzen den Tag so gut, wie es geht,
so lange die Sonne am Himmel steht.

Von Anfang an zum Sterben bereit
genießen sie ihre Lebenszeit.
Sie hüpfen und tanzen im Ringelreigen,
bis sich am Himmel die Sterne zeigen.

Ihr Leben ist für sie kein Problem -
sie freuen sich über das „Carpe diem!"


*„So nutzet den Tag und die Stunde,*
*solange die Welt sich noch dreht*
*und feiert in fröhlicher Runde,*
*vielleicht ist es morgen zu spät!"*

## Hummeln und Bienen

Ich liebe die Hummeln und die Bienen
und unterhalte mich gerne mit ihnen.
Noch mehr als die Bienen lieb´ ich die Hummeln,
weil die so wunderbar summen und brummeln.

Schon in der Frühe fliegen sie raus -
der Morgentau macht ihnen nichts aus.
Der Pelz schützt sie vor der Witterung
und vor einem kalten Wetterumschwung.

Und wie sie sich sputen, wie sie sich tummeln -
die fleißigen Bienen und emsigen Hummeln.
Oft klopfen sie an und kommen vergebens -
und trotzen den Möglichkeiten des Lebens.

Sie werden es immer wieder versuchen -
nicht jede Blüte serviert einen Kuchen…
So sind sie ohne Pause und Rast
bei allen Blüten und Blumen zu Gast.

*„In der Natiuer giet et säo viell Wunner,
bao me üöwer staunen un sick fröggen kann.“*

# Waldameisen

Man sieht sie auf ihrem Haufen
ständig durcheinanderlaufen.
Stets sind sie in großer Eile -
ohne jede Langeweile.
Schwerlich nur ist zu begreifen,
wie sie durch die Wälder streifen -
nach den festgesetzten Maßen,
über Brücken, Stegen, Straßen.

Jede Ameise weiß gut,
was sie muss und was sie tut -
stets von Emsigkeit diktiert
wird die Arbeit ausgeführt.
Über große Zwischenräume
steigen sie auf hohe Bäume -
fleißig und mit aller Mühe
melken sie die Blattlauskühe.

Ebenfalls ist noch zu sagen,
dass sie sich sehr gut vertragen
und was man nicht immer hat -
fest geordnet ist ihr Staat.
Niemals möchten die Ameisen
in die weite Welt verreisen.
Ganz von großen Wünschen frei,
bleiben sie der Heimat treu.

# Würmer

Was nützt es den Würmern, von ihnen zu sprechen
und gar „eine Lanze für sie zu brechen"?
Soll man den Würmern ein Denkmal setzen
oder sich über ihr Schicksal entsetzen?

Die Würmer - verfolgt auf jegliche Weise -
dienen dem Maulwurf zur täglichen Speise.
Von Würmern, diesen schwachen Geschöpfen,
ernähren sich Spitzmäuse, Drosseln und Schnepfen.

Im Schatten leben sie - anspruchslos -
und ohne Augen - nackt und bloß.
Die Würmer leben lebensgefährlich...
Sie sind für den Boden unentbehrlich,

weil sie den Abfall kompostieren,
die Erde lüften und drainieren.
Viele Würmer zeigen an,
ob ein Gärtner etwas kann.

*„Dat Beste imme Gaoren ies de Komposthäopen -
dao sind de Wüörmer te Hiuse."*

9

# Fledermäuse

Fledermäuse sind seltsame Tiere -
sie sehen aus wie kleine Vampire.
Sie brauchen auch so schön gar nicht sein -
sie scheuen den Tag und den Sonnenschein.
Hoch unter dem Dach in ihrem Gehäuse
da wohnen bei uns zwei Fledermäuse.
Am Tage schlafen und ruh'n sie sich aus -
und abends kommen sie dann heraus.

Hoch unter dem Balken aufgehängt,
als hätten sie ihre Glieder verrenkt,
verbringen sie unter dem Giebeldach
befestigt den ganzen Tag.
So wie ein Schirm zusammengefaltet,
so hängen sie dort - ganz ungestaltet -
den Kopf nach unten und unbeweglich.
Da fragt man sich, wie ist das bloß möglich?

Die Vorfahren unserer Fledermaus -
wer weiß das - wie sahen sie damals aus?
Das waren bestimmt gespenstische Drachen,
wie sie uns im Märchen noch Ängste machen!
Den Winter verschläft eine Fledermaus -
verträumt schlechte Zeiten und bleibt zu Haus.
Sie hängt im Versteck oft unentdeckt,
bis der neue Frühling sie wieder weckt.

## Der Eisbär

Ich bin im Eise der weiße Bär -
die Erderwärmung macht es mir schwer.
Wo es am kältesten ist am Pol,
da bin ich zu Hause - da fühl ich mich wohl.

Mir kann es gar nicht kalt genug sein -
der Frost ist mir lieber als Sonnenschein.
Wenn ich nur leben kann auf dem Eis
und alles um mich herum ist weiß!

Für dieses Leben bin ich geschaffen,
so wie in den heißen Zonen die Affen.
Wenn es im Norden so kalt nicht wär,
dann wär´ ich ein unglückseliger Bär.

Wenn Eisberge schmelzen zu meinen Füßen,
wenn Gletscher beginnen ins Tal zu fließen,
wenn alles um mich herum wird nasser,
dann rutsch´ ich vom Eis und falle ins Wasser!


*„Wat maket de Mesken met düesem Planeten?*
*Säo kann dat nit wichter gaohn!*
*Op der Äre matt äok Platz suin füör de Duiers.“*

# Kraniche

Solange auf Erden die Menschen leben
und ihre Augen zum Himmel erheben,
solange hört man der Kraniche Gruß -
sie rächten schon damals den Ibikus.

Gereiht wie die Perlen an einer Schnur
so zieh´n sie auch heute noch ihre Spur:
die Köpfe und Schnäbel nach vorne gereckt,
die Ständer nach hinten hin ausgestreckt.

Sie rudern vorüber in mächtigen Keilen.
Mal scheinen sie in der Luft zu verweilen -
ohne Flügelschlag - sie gleiten dahin -
viel Tausende von ihnen südwärts zieh´n.

„Kurr, kurr - krüh, krüh!  Kurr, kurr - krüh, krüh!“,
so schallt es herab, so rufen sie.

Es tönt wie Fanfaren, wie fernes Trompeten,
als wüssten sie von den Sorgen und Nöten!
Von Wehmut und Sehnsüchten singt ihr Lied,
und mancher seufzt: „Ach, nehmt mich doch mit!“

Ja, könnten wir mit den Kranichen reisen -
den Winter in seine Schranken verweisen -
wie die stahlgrauen Vögel zum Süden zieh´n
und allem Unheil und Sorgen entflieh´n!

# Der Distelfink

Als unser Herrgott die Vögel gemacht
mit all ihrer herrlichen Farbenpracht,
alle so bunt, so lebendig und schön,
da hat er ein Vögelchen überseh'n.

Das war der possierliche Distelfink -
das aufgeweckte, muntere Ding!
„Du kommst zu spät", sagte zu ihm der Herr,
„ich habe für dich keine Farbe mehr!"

„Ich möchte nicht bleiben so trist und so grau!
Hast du nicht noch etwas Rot, Gelb oder Blau?
Schau doch mal nach in den Farbentöpfchen -
vielleicht hast du hier oder da noch ein Tröpfchen!"

Da rief der Herrgott: „Was ist denn das?
In jedem Töpfchen ist ja noch was!"
Mit den buntesten Farben und großem Gefallen -
der Distelfink wurde der Schönste von allen!

*„De Natiuer ies bunt*
*un maolt met allen Farwen. "*

# Die Pfingstrose

Die Pfingstrose ist ein kleiner Schatz -
sie liebt ihren warmen sonnigen Platz.
Schon eine bescheidene Nische reicht
für unsere „Blume pflegeleicht".

Im Winter in der Erde versteckt,
wird sie von der Frühlingssonne geweckt.
Die Pfingstrose blüht uns allen zur Freude -
und niemandem tut sie etwas zu Leide.

Als dornenlose unter den Rosen
lässt sie sich gerne streicheln und kosen.
So wie ein Gemälde, rot wie das Blut,
macht sie den Liebenden frohen Mut.

Doch bald, wie heisse Liebe vergeht,
die Pfingstrose wird vom Winde verweht…

*„Wai oinem trui bluiwen well,*
*dai küemmet imme anneren Jaohre wuier."*

## Blumen einer Künstlerin

Sigrid, wie hast du das gemacht?
Das ist ja eine Blumenpracht!
Der Ranken, Stauden, Blumen viel -
ein einzig frohes Farbenspiel.

Du hast die Blumenwelt gestaltet -
deine Ideen bunt entfaltet,
damit es nicht an Schönheit fehle -
hier spiegelt sich die Künstlerseele.

Dein Blumenbeet ist pure Freude
und eine große Augenweide.
Wer nichts zu wünschen übrig ließ -
der schafft sich so sein Paradies.

*„Wai en Hänneken daofüör hiät,*
*dai mäket iut suinem Gaoren en Paraduis. "*

# Die Gattung Mensch

Ja, wenn die Gattung Mensch
von hier verschwinden würde,
dann wär´ die Welt befreit von einer Bürde.
Man braucht´ nach keinem Schicksal mehr zu fragen
und keine „Eulen nach Athen" zu tragen...

Es würden keine Tiere mehr gequält -
im Urwald keine Bäume mehr gefällt!
Es würd´ kein „Turm zu Babel" mehr gebaut -
das Grundwasser mit Giften nicht versaut.

Dann würd´ sich das Ozonloch wieder schließen
und von den Bergen würden klare Bäche fließen.
Die „Wasserwerte" würden wieder stimmen,
und in den Meeren würden frische Fische schwimmen!

Die Luft zum Atmen wäre wieder rein -
ein täglicher Genuss der Sonnenschein.
Die herrliche Natur würde im Stillen
von ganz alleine alle Lücken füllen.

Die Schöpfung würde noch einmal beginnen
und „neues Leben blüh´n aus den Ruinen"!
Sonne und Mond behielten ihrenLauf
und unser Herrgott regt´ sich nicht mehr auf!

# Mutter Erde

Die Erde ist nicht gut bestellt
mit so viel Menschen auf der Welt.
Wohin man schaut, da sieht man heute -
die ganze Welt ist voller Leute.

Für Tiere ist da kaum noch Platz -
Wasser und Luft sind für „die Katz".
Und schon verliert sich Gottes Spur
in Waldesruh, in Feld und Flur.

Endzeitstimmung zieht durchs Land!
Es wird gepokert und gerannt!
Die Massen Unterhaltung suchen -
ein jeder will noch was vom Kuchen.

Es geht dahin mit Saus und Braus!
Wie lange hält die Welt das aus?
Wie lange schaut man sich das an?
Ist keiner, der das ändern kann?

Der schöne, herrliche Planet -
es ist für ihn noch nicht zu spät.
Oh, dass sie nicht zu Schanden werde,
die liebe gute Mutter Erde!

## Berge und Meer

Wenn die guten Bayern wüssten,
wie schön es ist an den Meeresküsten,
dann würden sie auch mal nach Norden reisen
und nicht immer nur auf die Berge weisen.

Die Alpen sind ja gar nicht so schlecht -
da haben die Leute in Bayern recht.
An ihren Bergen kann man nicht rütteln -
sie würden darüber die Köpfe schütteln.

Die Bayern dürfen die Berge lieben
und sich im Lob ihrer Heimat üben.
Doch eben - es ist ein ganz anderes Land
am nördlichen Meer - an der Waterkant.

## Nordseewellen

Nordseewellen - Ebbe, Flut -
raue frische Winde wehen,
lange Wege möcht´ man gehen -
wunderbar, wie gut das tut!

Bis zur Kimmung in der Ferne
geht hinaus der weite Blick -
weckt die Sehnsüchte, das Glück -
lockt der Himmel und die Sterne.

# Lob des Strandkorbs

Strandkörbe stehen mitten im Sand
am winddurchwehten Meeresstrand.
Strandkörbe kann man mit Leichtigkeit drehen,
so wie gerade die Winde wehen.
Mal schräg, mal steil, mal nach hinten gestellt
genießt man den schönsten Teil von der Welt.
Sie schützen gegen Winde und Regen
und öffnen sich der Sonne entgegen.
Sie sind etwa 1.20 m breit -
es sitzt sich in ihnen passend zu zweit.
Zu zweit mit einem Gläschen Wein -
romantischer kann es gar nicht sein.
Man kann auch mit großem Vergnügen
neben dem Strandkorb im Sande liegen.
Doch wofür hat man das gute Stück?
Schon kehrt man in den Strandkorb zurück.
Der Strandkorb ist ohne großen Komfort
ein angenehmer, wohltuender Ort.
Im Strandkorb wird man nicht viel versäumen
und mit den Wolken am Himmel träumen.
Kann fliegen, als wenn man ein Vogel wär,
mit den Möwen weit übers Meer.
Und wenn man die Seele baumeln lässt,
dann feiert man im Strandkorb ein Fest…

# Sand

Was wäre der weite Meeresstrand,
was wäre er ohne den weißen Sand?
Wo sind die unendlichen Zeiten geblieben,
als Wasser und Wind die Steine zerrieben?
Was ist in Milliarden Jahren gescheh´n?
Zuerst mal mussten die Steine entsteh´n.
Die Erde war damals ein glühendes Feuer -
ein feuerspeiendes Ungeheuer.

Dann wurde es auf der Erde nasser -
vom Himmel herunter stürzten die Wasser.
Die Hülle der Erde ward aufgebrochen -
Vulkane ließen die Wasser kochen.
Und mit der Elemente Wut
ergoss sich eine gewaltige Flut.
Verdeckt war am Himmel der Sonne Schein -
aus Schlamm und Asche ward harter Stein.

Die Erdgeschichte nahm ihren Lauf -
die hohen Berge türmten sich auf.
Die Sturmwinde brausten über sie her -
das Wasser sammelte sich im Meer.
Wie steter Tropfen höhlt den Stein,
die Wasser mahlten die Steine fein…
Und so entstand am Strande der Sand
und auf der Erde fruchtbares Land.

# Der kleine Stein

Ich hab einen kleinen Stein in der Hand -
den hab´ ich gefunden am Nordseestrand.
Ich hab´ ihn gefunden im Sand am Watt -
so groß wie ein Gänseei - rund und glatt.

Er hat keine Kanten - ist glatt und rund
und hat ein Gewicht von viereinhalb Pfund.
Wie alt mag er sein, der „kleene Steen"?
Was hat er erlebt - was hat er gesehn?

Millionen Jahre am Meeresstrand -
bei Ebbe und Flut - in Wasser und Sand…
Da ward er geworfen - hin und her -
der kleine Stein an dem großen Meer.

Er will seine Wellen, das Wasserrauschen
gewiss mit meiner Hand nicht tauschen.
Ich warf ihn zurück in seinen Sand -
den kleinen Stein vom Nordseestrand!

*„Milliäonen Jaohre -*
*wat ies dat füör ne Tuit!"*

# Wind

Der Wind als toller Wellenreiter -
der mag das Wetter nicht so heiter.
Er möchte mit den Wolken spielen -
bereit, die Stimmung abzukühlen.

Und kommt der Wind als Sturm daher,
dann peitscht und wirbelt er das Meer.
Dort hat er Platz - dort hat er Raum -
vor seinem Rachen Gischt und Schaum.

Dann bläst und zischt er mit Gewalt
in einer anderen Gestalt.
Dann will er zeigen, was er kann
und wird zu einem wilden Mann.

Er holt die Macht sich von weit her,
kommt als „Tornado" über´s Meer.
Zum Sturm wird auf dem Meer der Wind -
er ist von der Natur ein Kind!

*„Dai Wind, dai Wind hiät vielle Gesichter -*
*maol weggete harre, maol weggete lichter."*

# Möwen

Die Möwen lieben seit altersher
den brausenden Wind und das schäumende Meer.
Sie leben an dem plattdeutschen Strand
mit Wind und Wellen, mit Wasser und Sand.

Die Ebbe deckt ihnen täglich den Tisch -
dann gibt es Krabben, Krebse und Fisch.
Sie picken, sie schnabulieren und fressen,
was vornehme Leute nur sonntags essen.

Der Wind verweht ihren heiseren Schrei -
die Möwen singen noch nicht mal im Mai.
Wozu auch sollten die Möwen singen?
Das würde am Meer nur schwerlich gelingen.

Sie sind, wo die Stürme des Meeres tosen,
die ersten Botschafter der Matrosen.
Und kommt ein Schiff aus dem Ozean,
dann zeigen die Möwen die Heimkehr an.


*„De Vüegelkes an der Waterkante hät en guet Liäwen.*
*Suit Milliäonen Jaohren decket Ebbe un Flut*
*oinmaol amme Dage diän Disk."*

## November an der Nordsee

Der Tag ist heute trüb und grau -
verschwommen liegt das Meer -
geschwunden ist des Himmels Blau,
und die Natur ist leer.

Über die Dächer pfeift der Wind -
der Regen prasselt an die Scheiben.
Gut, dass wir hier im Trocknen sind -
da wollen wir auch bleiben!

Der Vogelzug geht auf die Reise -
man sieht die Schwärme südwärts ziehn.
Am Zweige hängt noch eine Meise -
die kleinen Meisen, sie sind kühn.

Die Ebbe hat besetzt das Watt,
gewichen ist die Flut -
die Austernfischer sind schon satt,
den Möwen geht es gut.

*„Biuten ieset kaolt, ueselig un verdraitlick -*
*binnen warme, muckelig un gemaitlick.“*

## Am Wattenmeer

Wer kommt mit wachen Sinnen her,
der liebt und lobt das Wattenmeer.
Schon in der Frühe um halb vier
da schwingt und klingt und singt es hier.
Von fern hört man des Meeres Rauschen -
man kann des Windes Stimme lauschen.
Und es erhebt sich überall
ein Frühkonzert mit hellem Schall.
Rotschenkel, Regenbogenpfeifer
und Austernfischer, die mit Eifer
sich um ihr Brutgeschäft bemüh´n -
Graugänse, die vorüberziehn.
Der Rohrsänger pfeift in dem Ried,
die Lerche droben singt ihr Lied.
Hier ist des lieben Gottes Spur -
für Geist und Seele eine Kur!
Und darum lieb und lob ich sehr
die grüne Welt am Wattenmeer.
Dies ist bis heute noch „Gott lob"
ein unverdorb´ner Biotop.
Wer mit den Tieren kann empfinden,
der weiß auch um die Umweltsünden.
Kippt euren Dreck und euren Teer
nicht in die Nordsee, nicht ins Meer!
Damit nicht diese schöne Erde
ein Schmutzloch und ein Saustall werde!

## Der Tropfen

Er hüpft bergab von der Quelle zum Bach -
der muntere Fluss bringt ihn weiter danach.
Im Strom geht es dann durch die Lande her
auf seinem langen Wege zum Meer.
Dort lebt er mit Winden, Wellen und Wogen -
und immer weiter spannt sich der Bogen,
bis ihn die Sonne zum Himmel zieht,
wo ihm in den Wolken Gleiches geschieht...
Er kehrt zurück als wärmender Regen -
als lieblicher Schnee auf Wegen und Stegen.
Doch kennt er das noch vielmals rauer -
mit Sturmwind, Gewitter und Hagelschauer.
So tränkt er und belebt die Erde,
dass alles wachsen kann und werde -
auf seinem Weg von der Quelle zum Meer.
Ohne ihn wär die Erde öde und leer.

## Lebenswasser

Wenn es aus den Wolken regnet
und der Herr die Erde segnet,
fließt das Wasser - köstlich nass -
und es sprießt, gedeihet was.
Wo kein Wasser auf der Erden,
kann nichts wachsen und nichts werden.
Wo kein Wasser, da ist Not -
Wo kein Leben, da ist Tod.

# Juwel

Der Möhnesee ist ein Juwel -
ein Wunschkonzert für Leib und Seel.
So wie ein Spiegel liegt er da -
lockt Gäste her von fern und nah.

Der Möhnesee - das ist ein Jubel,
da gibt es Stille - oft auch Trubel.
Er winkt mit traulichem Gestade -
lehnt sich an seine Promenade.

Die Felder, Wiesen ringsumher
umsäumen das „Westfälische Meer".
Da baut sich auf der große Wald -
ein Lied erklingt - das Echo schallt.

Der große Wald am Möhnestrand
ist unser bestes Unterpfand.
Mit diesem Schatz - einmalig schön -
heißt es nur pfleglich umzugeh'n.


*„Dat Beste, wat vui hät,*
*dat ies de graine Natiuer.*
*Dai gräote Waold matt bluiwen -*
*me draff de Boime nit stuiwen!"*

# Der alte Steinbruch

Der alte Steinbruch auf der Haar -
als der noch unser Spielplatz war…
Tief lag er in der Erde Schoß -
abschüssig war er - riesengroß.
Fast hundert Meter ging es hinab
hinunter in das steinerne Grab.
Nach schwerer Arbeit hat es gerochen -
der Kalkstein ward aus der Wand gebrochen.
Hier wurde mit Dynamit gesprengt
und mancher Schoppen „Macholder" geschwenkt.
Der Schweiß ist oft in Strömen geflossen -
ein derbes Frühstück wurde genossen.
Die Fuhrwerke fuhren bis unten hinein
und holten herauf den kostbaren Stein.
Vier Pferde zogen die schweren Wagen -
für Tiere und Menschen kaum zu ertragen.
Der alte Steinbruch - er wird uns fehlen -
er hätte uns noch viel zu erzählen…
So manches aus langer Erdgeschichte:
„Hier an der Haar war die Meeresküste!
Als in der Brandung die Wasser stürmten
und sich im Süden die Berge türmten -
Millionen Jahre ist das schon her,
Millionen Jahre rauschendes Meer.
So baute sich auf von Jahr zu Jahr
der Felsen von Kalkstein an der Haar."
Dann ward´ er gefüllt mit Unrat und Müll,
da wurde der alte Steinbruch still.

## Alter Soestweg

Er zieht sich hin wie eine Schnur
und führt durch herrlichste Natur.
Wo lange Zeit die Panzer fuhren
und hinterließen tiefe Spuren,
da hat man sich dafür entschieden,
den Weg zu öffnen für den Frieden.
So wie es war in alter Zeit,
herrscht heute wieder Friedlichkeit.
Der schöne Weg ist wieder offen -
man kann auf bess´re Zeiten hoffen.
Die Landschaft muss nicht länger leiden -
am Waldesrand die Schafe weiden…
Die Landschaft ist an Wundern reich -
selbst Molche schwimmen dort im Teich.
Wo eine bunte Flora blüht,
die Lerche singt ihr Frühlingslied.
Der Soestweg ist der nächste Pfad
zur alten ehrenreichen Stadt.
Ja, Soest ist alt und ehrenreich,
doch hat es nur den „Großen Teich".
Über den Soestweg - in der Näh´ -
erschließt man sich den Möhnesee.
So kann man sagen ganz getrost:
Der Möhnesee gehört zu Soest.

# Ehrenreiche Stadt

Seit langer Zeit schon geht die Rede -
die Rede von der Soester Fehde:
Was man in dieser Stadt gedacht -
strotzend von Eitelkeit und Pracht.

So wie ein goldner Schatz gehegt -
gelobt, gefeiert und gepflegt -
war reich und mächtig diese Stadt -
und in der Stadt ein stolzer Rat.

Schon von Jahrhundert zu Jahrhundert
wurde die Macht der Stadt bewundert.
Als Zeugen ihrer Frömmigkeit
grüßten die Kirchen weit und breit.

Der hohe Wall, die dicken Mauern,
konnten die Jahre überdauern.
Soest, für die Ewigkeit gebaut,
erhaben in die Runde schaut.

Geschnitzt aus einem harten Holz
wuchs in der Bürgerschaft der Stolz,
die Arroganz, der Übermut -
die Fehde war für Soest nicht gut…

# Weiber von Soest

Bei der großen Soester Fehde
war von Weibern auch die Rede.
Soester Weiber - stark und schwer -
gossen große Pötte Teer

Söldnern über Kopf und Leiber.
So besiegten diese Weiber
mit dem kochendheißen Teer
Bischofs stolzes Söldnerheer.

Männer aus der Stadt indessen
saßen bei dem Philippsessen -
freuten sich und riefen „Prost,
auf das Weiberheer von Soest!"

Männer brauchen nichts zu tun,
als gemütlich auszuruh´n -
können ganz beruhigt sein -
Frauen machen das allein.


*„Dai Maßluie van Saust konnen sick*
*op de Frauluie verlaoten!"*

# Napoleon

Der mächtige Napoleon
war nur ein kleiner Zirkusclown.
In blauem Frack und roter Hos´ -
einskommavierundfünfzig groß.

Drum hat er, weil so kurz gemessen,
stets auf dem „hohen Roß" gesessen.
Wie klein Napoleon auch war,
er nannte Kaiser sich und Zar.

So groß wie sein pompöser Hut
war auch sein Stolz und Übermut.
Mit seinem tausendfachen Heer
fiel er einst über Russland her.

Nach Moskau wollt´ er - bis nach China!
Er kam nur bis zur Beresina...
Dort endete für Roß und Mann
in Eis und Schnee sein Größenwahn.


*„Wai et häoge imme Koppe hiät,*
*dai stüörtet faken daipe runner."*

32

# Die „Großen"

Es ist immer dieselbe Chose -
wer Siege feiert, heißt „der Große".
Ist das nicht eine Wahnsinnswelt,
wie man hier wird ein großer Held?

Dass man ein „Großer" wird mit Kriegen,
wenn Tote auf der Bahre liegen?
Schon seit dem frühen Altertum
erwirbt man sich durch Kriege Ruhm.

Man muss nicht friedensreich regieren -
man muss nur viele Kriege führen.
Dann darf man stolz und mächtig sein
und geht in die Geschichte ein.

Friedrich der Große - ungeniert -
hat sieben Jahre Krieg geführt.
Er siegte viel - und siehe da -
so schuf er „Preußens Gloria"!

Das wollte Wilhelm auch, der Zweite,
doch der erlebte eine Pleite.
Dann kam der braune Hampelmann -
der endete im „Größenwahn"…

## Die Masse

Man sagt, der „Homo sapiens"
sei von sehr hoher Intelligenz,
er habe Weisheit und Verstand,
Scharfsinn und Tugend allerhand.

Doch wehe, wenn sie losgelassen
und treten auf in großen Massen.
Zur Kaiserzeit im alten Rom
das Kolosseum war der „Dom".

Da hielten sie die Totenfeier
und schlürften das Blut wie berauschte Geier.
Da lechzten sie nach Spielen und Brot
und stimmten ab über Leben und Tod.

Wo Menschen sich finden in großen Massen
da toben sie oft und schreien und hassen.
Wo sie in so großer Zahl auftreten,
da plündern sie häufig - morden und töten.

In „plebs", in „Plenum" und im „Pöbel"
verbirgt sich wie im dichten Nebel
das gleiche nämliche „Suffix" -
viel Dummheit und Verstand wie nix!

# Verführung

Das ist auf der Welt schon oft passiert:
Wo die Masse der Menschen wird verführt,
da sieht man sie alle rennen und laufen -
wie Schafe und Kühe - auf einem Haufen!

Wo nur ein Ziegenbock ist am Stricke,
da sammeln sie sich - drubbeldicke!
Wenn nur ein „Rattenfänger" kommt -
und diese Esel ans Halfter nimmt...

Wenn einer macht ihnen Männekes vor,
dann schnappen sie über und schreien im Chor.
Wenn einer schreit, dann schreien sie alle:
„Sieg Heil! Sieg Heil!" - und geh'n in die Falle!

Mit Stroh im Kopfe - und ohne Verstand -
sie rufen „Sieg Heil!" - und hoch die Hand!
Sie machen und tun, was sie hören und seh'n,
bis dass ihnen „Hören und Sehen" vergeh'n!

## Im Sportpalast

Schräg hing die Fahne schon am Mast,
da schrie das Volk im Sportpalast.
Und während draußen Bomben fielen,
sprangen sie drinnen von den Stühlen.

Da rief der mit dem lahmen Bein:
„Wollt ihr die größten Helden sein?
Wollt ihr den Krieg? Wollt ihr ihn heute?
Wollt ihr ihn noch totaler, Leute?

Wollt ihr den großen Krieg noch immer?
Wollt ihr den Krieg noch immer schlimmer?
Noch schlimmer, als er jemals war?“
Da schrie das dumme Volk: „Hurra!“

Das war im Sportpalast ein Jubel -
ein Beifallklatschen und ein Trubel.
Man könnte sich die Haare raufen
bei so viel Dummheit auf dem Haufen.


*Dat sagte daomaols uese Vahr:*
*„Wann Dummheit woihe dä,*
*dann schriggeren dai en gaßen Dag!“*

**Geschehen im unteren Möhnetal
in der Nacht zum 17. Mai 1943
beim Angriff auf die Möhnetalsperre –
damit wir es nicht vergessen!**

In einer lieblichen Maiennacht
da wurden sie alle umgebracht.
Die Mädchen aus dem fernen Land -
wer wusste von ihnen, wer hat sie gekannt?

Am Abend hatten sie noch gesungen
und fröhlich erzählt von ihren Jungen.
Sie hatten gescherzt, geneckt und gelacht
und sich gewünscht eine „gute Nacht"!

Zum Traurigsein waren sie viel zu jung -
sie lebten mit ihrer Erinnnerung:
„Der Sternenhimmel - der Mondenschein -
das konnte zu Hause nicht schöner sein!"

Mit frohen Gedanken schliefen sie ein
in der Maiennacht - im Mondenschein.
Und als die Sterne den Wald gesäumt,
da haben sie von der Heimat geträumt.

Schon stieg der Mond zum Zenit hinauf,
da nahm das Verhängnis seinen Lauf.
In der hellen, lieblichen Maiennacht
da wurden die Mädchen umgebracht.

# Vaterland

Das Vaterland - es ist so, wie man´s nimmt -
der eine liebt´s,
der andre ist beim Worte „Vaterland" verstimmt.
Das Vaterland - man braucht es oder braucht es nicht -
ohne Erbarmen mahnt´ es seine Bürger an die Pflicht.

Friedlich kann man die schönsten Heimatlieder singen
und seinem Vaterland ein Ständchen bringen.
Doch oft schon ist im Namen „Vaterland" passiert,
was in den Tod und ins Verderben führt.

Und wenn das Vaterland ruft auf zum Krieg,
glaubt man zuerst an einen schnellen Sieg.
Vergessen ist die Nachbarschaft - und gute Freunde
sind über Nacht die schlimmsten Feinde.

Verloren ist des Friedens Harmonie -
was bleibt ist eine große Hysterie.
Ein Menschenleben ist dann nichts mehr wert -
wer viele tot schießt, wird dafür geehrt.

# Krieg 1914

„Schon 40 Jahre haben wir Frieden
und jede Freundschaft mit Frankreich vermieden.
Wir sind den Frieden schon lange leid
und endlich für handfeste Sachen bereit.

Was nützt es denn, die Gewehre zu putzen
und sie zum Schießen nicht zu benutzen...
Im Frieden wünscht man sich gute Freunde -
für einen Krieg gebraucht man die Feinde.

Der Kaiser hat noch keinen Krieg geführt -
da wird es Zeit, wer das noch nicht spürt!
Kaiser Wilhelm möchte ja auch mal siegen
und siegen kann man doch nur mit Kriegen.

Drum lasst sie nur kommen - wir fürchten keinen,
„viel Feinde, viel Ehr´" - an jedem Finger  einen.
Frankreich, Russland und Engelland -
wir jagen sie alle gegen die Wand!

Zu lange schon haben wir gewartet -
„Gott sei Dank!" - jetzt wird endlich gestartet.
Es geht jetzt los - es geht hinaus -
und Weihnachten sind wir wieder zu Haus!"

( Viele haben 1914 so gedacht... )

# Fahnenträger

## 1870 schrieb Fernand seiner Mutter:

„Mama, wie soll ich es Dir sagen?
Sei stolz, ich darf die Fahne tragen!
Ich bin der allererste hier -
ich bin jetzt Fahnenoffizier,

und jeder hier im Regiment
mich einen großen Glückspilz nennt.
Ich habe es sehr weit gebracht -
und morgen geht es in die Schlacht!"

Da schrieb die Mutter ihm zurück:
„Junge, die Fahne bringt kein Glück.
Du schreibst von Deiner großen Ehre,
denk an die feindlichen Gewehre!

Mein Sohn, viel junges Blut wird fließen -
die Feinde werden auf Dich schießen.
Mein lieber braver Ferdinand,
Gott schütze Dich in Feindes Land!"

Die Mutter hatte es geahnt
und ihren Sohn umsonst gemahnt:
Weil Ferdinand die Fahne trug,
wurde sie ihm zum Leichentuch.

# Grenzen

Des Menschen Wissen ist begrenzt.
„Es ist nicht alles Gold, was glänzt!"
Nicht alles muss sich immer lohnen -
die Welt ist voller Illusionen.

Lass Dich durch „Wissen" nicht hinreißen -
die schwarzen Schafe sind nicht dümmer als die weißen.
„Es muss nicht immer Kaviar sein" -
auch um den Kaviar rankt sich der schöne Schein.

Man braucht nicht alles sagen, was man weiß
und auf den Markt tragen um jeden Preis.
„Man muss die Nase nicht in alles stecken"
und jede kleine Kleinigkeit aufdecken.

Im roten Talar rekeln sich die Richter -
vorm Henker fürchten sich die „Bösewichter".
So lange man in der Justiz zurück auch denkt -
wie viele „arme Sünder" hat man schon gehenkt!

Wo die „Gerechten" laut um Rache schrei´n,
da steht der „Schuldige" oft ganz allein.
Im Himmel sind, noch mehr als alle Frommen,
die „kleinen Sünder" sehr willkommen.

## „Himmelsstürmer"

Er hat die höchsten Berge erstiegen
und liebte es, über den Wolken zu fliegen.
Was immer seine Erlebnisse waren,
sein tolles Leben war voller Gefahren:

Auf dem Mount Everest hisst´ er die Fahne -
und segelte über die Ozeane.
Er trotzte dem Wetter im Regenwald
und machte vor Schnee und Eis nicht halt.

Besucht´ in der Wüste die Beduinen -
schloß Freundschaften mit den Pinguinen.
Entkam im Nil einem Ungeheuer -
sein Leben war voller Abenteuer.

Er hat dem Gesang der Vögel gelauscht
und sich mit Kollegen ausgetauscht.
Er hat die ganze Erde gesehn
und fand sie über die Maßen schön.

Hat also total die Übersicht
und kennt doch unseren Herrgott nicht?
Ob sich der Junge da nicht vertut?
Man kann ihm nur sagen: „Sei auf der Hut!"

## Banause

Der Banause
ist bei sich selber zu Hause.
Es geht ihm in seiner eigenen Welt
vor allem um Wirtschaft, Profit und Geld.

Gefangen in seines Alltags Getümmel
fehlt ihm sozusagen der Blick zum Himmel.
Er gibt auch nur wenig für die Kultur -
da schaltet er ab und stellt sich stur.

Er sieht nicht die Schönheiten der Natur -
für ihn zählen seine Geschäfte nur.
Für ihn gilt: Wer etwas in Händen hält,
der wird hoch geachtet in der Welt.

Er hält sich selber für weltgewandt -
schaut aber nicht über den Tellerrand.
Die schönen Dinge berühren ihn nicht -
er ist, kann man sagen, ein elender Wicht!


*„Segg mui, bao diu met ümme goihst ,*
*un iek segge di, wat diu füör oinen bist!"*

# Unfehlbarkeit

Sie mühen sich in den Laboren -
die hoch dotierten Professoren.
Weil sie die Wissenschaft gepachtet,
wird sorgfältig darauf geachtet,

dass niemand tut es ihnen gleich
und unbefugt betritt ihr Reich.
Was offenbar liegt auf der Hand -
was man begreift mit dem Verstand -

was jeder spielend leicht versteht
und jeder gleich weiß, wie das geht,
das darf die Wirklicheit nicht sein -
ist laienhaft und bloßer Schein.

Die Dinge sind sehr kompliziert -
dort wo der Laie nichts kapiert
und jede Übersicht verliert,
da wird die „Wahrheit" aufgespürt.

# Zeitgenossen

Auf gezäumten, hohen Rossen
sitzen jene Zeitgenossen,
die mit Anstrengung und Fleiß
sich erwerben jeden Preis.

Die in Schulen sehr viel lernen -
sich von der Natur entfernen -
angestrengt, bemüht, beflissen,
anhäufen ein großes Wissen.

Selbst die Universitäten
platzen förmlich aus den Nähten,
bis man seinen Doktorgrad
freudig in der Tasche hat.

Wie kann man sich glücklich schätzen
und mit seinesgleichen schwätzen:
„Alles Unsinn, Lug und Trug -
wer studiert hat, der ist klug!"

*„Me matt sick op de Ächterboine setten,
dann hiät me wat optewuisen..."*

# Bücherwurm

Die Bücher waren sein Leben -
nach großem Wissen streben...
Sein Leben lang hat er studiert
und alle Weisheit konsumiert.

Er hat dem eigenen Können vertraut
und „summa cum laude" den Doktor gebaut.
Er ging seinen Weg - geradlinig - nur
weit weg von den Schönheiten der Natur.

Vergaß, das Leben zu genießen -
nun kam er plötzlich von den Füßen.
Er hatte sich im Kreis gedreht -
jetzt merkte er, es ist zu spät.

Noch während er am Schreibtisch weilt,
hat ihn der Schicksalsschlag ereilt.
Es hat den Bücherfreund erwischt -
sein teures Lebenslicht erlischt...


*„Säo ä me dat mäket, säo hiät me dat.*
*Me kann suin Liäwen nit twoimaol liäwen."*

# Ein Wissenschaftler

Er nennt sich „Mann der Wissenschaft"
und ist bemüht mit ganzer Kraft,
das weite Weltall zu ergründen
und selbst den letzten Stern zu finden.

Als Astronom hoch anerkannt
war er schon mehrmals Doktorand.
In vielen Dingen sehr gescheit
strebt er nach „Wissenschaftlichkeit".

An einen Herrgott glaubt er nicht,
wenn er mit Selbstbewusstsein spricht,
er könne es sich nicht erlauben,
an einen Schöpfergott zu glauben.

Er freut sich seiner Sonntagsruh
und glaubt, dass eine schwarze Kuh
gibt weiße Milch -
mehr glaubt er nicht, der Knilch.


*„Wat hai nit woit,*
*dat mäket iähne nit hoit".*

## Das Evangelium

Christentum, du brauchst dich
deiner Botschaft nicht zu schämen -
lass die Adresse zwischen Erd´
und Himmel dir nicht nehmen!

„Frohe Botschaft"
heißt dein Evangelium -
ein Weg zur Freude
und zum Frieden
ist das Christentum.

Dein Buch lässt sich
mit frohen Sinnen lesen -
es trifft des Menschen
Herz und Wesen.

Das Evangelium
hat Gutes zu verkünden:
Man kann darin
die Friedensbotschaft finden.

Das Christentum
hat sich dafür entschieden -
nichts braucht die Erde
mehr als Frieden!

## Papst Franziskus

Franziskus möchte nicht hoch hinaus -
er ist bei den Kleinen und Schwachen zuhaus.
Ganz unbekümmert und schlicht wie ein Kind
liebt er die Leute so wie sie sind.

Sein Herz schlägt für die Kranken und Armen
und ihnen allein gehört sein Erbarmen.
Wo andere nur wenig Freude bereiten,
zeigt er seiner Kirche die besseren Seiten.

Von ihm wird das Lied der Armut gesungen,
als sei er aus der Bibel gesprungen.
Von Hause einfach und sehr bescheiden
genügen ihm schon die kleinen Freuden.

Der Name „Franziskus" ist sein Programm -
hält sich an den himmlischen Bräutigam:
„Auf den heiligen Joseph verlasse ich mich -
um was ich den bitte, bekomme ich!"

Franziskus ist für die Christen ein Glück -
er bringt uns die frohe Botschaft zurück.
Als sei die Bibel in unseren Tagen
als Buch der Bücher neu aufgeschlagen!

## Der Täufer

Wo Gottes frischer Atem weht,
da lebt man froh wie ein Asket.

Der heilige Johannes der Täufer -
er war kein „Fresser" und kein „Säufer".
Er lebte oftmals nur von Schnecken,
von wildem Honig und Heuschrecken.

Das Wasser aus dem Jordanfluss
war für Johannes ein Genuss.
Ein Einsiedler in Gottes Wüste
hat wenig irdische Gelüste...

Wer lebt wie er, kann Trinken, Essen -
die Gaumenfreuden schnell vergessen.
Wer einfach isst und so bescheiden,
der muss darum gewiss nicht leiden.

Wo Gottes frischer Odem weht,
da lebt man fröhlich als Asket.

## Saulus

Was man im Namen Gottes tut,
das war für Saulus fromm und gut.
Er hat nur ihre Kleider bewacht
und sich die Hände nicht schmutzig gemacht.

In heiligem Zorn hat Saulus geschäumt
und von der reinen Lehre geträumt!
Doch vor Damaskus da ist es passiert,
als er die Stimme von oben gehört:

„Saulus, warum verfolgst du mich?"
Da war der Saulus außer sich.
Vom Himmel hoch ein helles Licht -
dem konnt' er sich entziehen nicht.

Von nun an war er nur auf Reisen,
den Menschen den Weg zum Himmel zu weisen -
hat Briefe geschrieben von Eifer getrieben
und ist sich selber treu geblieben.

Die Fahrten führten ihn kreuz und quer
ohne Ruhe und Rast durch's Mittelmeer.
Er hat missioniert bis weit in die Welt -
und sich dem heidnischen Rom gestellt.

Aus dem rasenden Pharisäer Saulus
wurde der Völkerapostel Paulus.

# Ostern

Wenn der Frühling ist erwacht
und das Herz im Leibe lacht -
wenn ein bunter Blumenflor
jubelt mit dem Vogelchor…

Neues Leben, neues Glück -
unser's Herrgotts Meisterstück -
Symphonie in Berg und Tal -
Auferstehung überall!

Von den Türmen Glockenklang,
in den Kirchen Festgesang -
schöner kann es gar nicht werden,
dann ist Ostern hier auf Erden.


*Nigget Liäwen - nigget Glück,*
*uesem Hiärguotts Mesterstück.*
*Wunnerschoine Froihjaohrstuit -*
*Äosterfreude wuit un suit.*

# Pfingsten

Zum pfingstlich frohen Frühlingsfeste
kamen von weither viele Gäste.
In Zions Stadt, was war da los?
Ein Schauspiel - Aufruhr - riesengroß!

Viel fremde bunte Völkerscharen
gemeinschaftlich beisammen waren.
Da hat die Erde sich bewegt -
Jerusalem ward aufgeregt.

Ein Beben, Brausen in den Lüften -
ein Wirbelsturm brach aus den Klüften.
Die Aufbruchsstimmung fasste jeden -
ließ sie in fremden Sprachen reden...

Die Menschen standen tief betroffen,
als sei auf mal der Himmel offen.
Die Menschheit war nicht mehr verwaist -
auf Erden wehte Gottes Geist.

*„Et giet mähr Dinger tüsker Hiemmel un Äre,*
*ä de Mesken met iährem kuorten Verstand*
*begruipen könnt."*

# Drei Könige

Wer möchte nicht tage- und wochenlang reisen
wie aus dem Morgenlande die Weisen?
Wer wäre nicht gern mit dabei gewesen
und könnte wie sie in den Sternen lesen?
Dazu gehört ein großes Vertrauen,
hinauf zu den Sternen am Himmel zu schauen,
sich auf den beschwerlichen Weg zu begeben -
zu hoffen auf einen Glücksfall im Leben.
Von mächtiger Zuversicht begleitet
und von der Sternenkunde geleitet -
von sicherem, festem Instinkt gelenkt
wurden die Weisen reichlich beschenkt.
Von großer himmlischer Freude erfasst
erwarteten sie einen Königspalast.
Doch was sie fanden, schien ihnen zu wenig.
War dieses Kind im Schafstall ein König?
Die Weisen gingen nicht in die Irre,
doch ihre Geschenke,
Gold, Weihrauch und Myrrhe -
mit Königsfreude dem Kinde verehrt -
was waren sie an der Krippe wert?
Die Weisen fern aus dem Morgenland,
„Drei Könige" werden sie heute genannt.
Sie fanden das große Weihnachtswunder -
und ihre Geschenke waren kein Plunder!

# Maria

Maria das ist Poesie -
liebe und verehre sie!
Maria - Maienkönigin,
Du gibst dem Leben einen Sinn.

Du hast das Christkind uns geschenkt,
den Blick zum Himmel uns gelenkt.
Maria, lass die Engel fliegen -
lass uns dein kleines Christkind wiegen.

Am Himmel strahlt dein Meeresstern.
Du hast als Mutter unsres Herrn
die Weihnachtszeit mit Glanz gefüllt -
den Wunsch nach Wärme uns gestillt.

Du nimmst den Kranken ihre Schmerzen,
schaffst helle Augen, frohe Herzen.
Richtest zum Himmel unsern Blick -
gibst Hoffnung auf ein bisschen Glück.


*„Maria hiät de Welt nit*
*iut en Äogen verluren."*

# Heilige

Heilige auf dem Altar
sind des Herrgott´s treue Schar.
Still kannst Du mit ihnen beten
und in ihre Spuren treten.

Heilige sind reife Trauben -
gute Vorbilder im Glauben.
Glücklich können sie dich machen -
und du kannst mit ihnen lachen.

Und - ist das nicht wunderbar?
Maria ist ja auch noch da...
Maria ist die Allerbeste -
lasst uns feiern ihre Feste!


*„Dai Hilligen dat sind guerre Frönne,*
*bao me sick op verlaoten kann!"*

56

# Fromme

Es ist bekannt, dass alle Frommen
möchten so gern in den Himmel kommen.
Man soll es ihnen auch nicht verwehren,
da sie doch zu den Guten gehören.
Die meisten Frommen sind bescheiden -
zufrieden schon mit kleinen Freuden.
Gibt es, bei jeglichem Ergötzen,
an ihnen gar nichts auszusetzen?
Fromme, die viel vom Himmel träumen,
könnten auf Erden was versäumen.
Weil sie ihr Leben recht gestalten,
nach den Gesetzen sich verhalten,
so wird man nur ganz kleine Sünden -
die „lässlichen"- bei ihnen finden.
Zum Beispiel über and´re reden -
über den Nachbarn - über jeden -
manchmal nicht nett zum Partner sein,
zu mucksen und nicht schnell verzeih´n…
Das ist zwar nicht besonders schön,
doch kann man ja zur Beichte geh´n -
dort alle seine Sünden beichten
und anschließend von neuem leuchten.
So landen „kleine Sünder" wieder
dort, wo man singt die schönen Lieder -
und in der großen „Heiligen Chor"
sind sie so fromm als wie zuvor.

# Glück

Glück ist ein sehr hohes Gut -
dazu braucht man frohen Mut.
Statt auf Lorbeern auszuruh´n,
kann man für sein Glück was tun.

Nicht in Hast und Eile hetzen -
kleine, feste Ziele setzen.
Andern Menschen Freude machen
und mit ihnen herzhaft lachen.

Auch mal an sich selber denken
und mit Fröhlichkeit beschenken.
Und bereits am frühen Morgen
schon für die Gesundheit sorgen.

Krank und müde von den Sünden
kann der Mensch kein Glück empfinden.
Dies ist kein versteckter Trick -
fit zu sein, gehört zum Glück.

Dafür braucht man nicht viel Geld -
keine Güter dieser Welt.
Freude an den kleinen Dingen -
mit sich selbst zufrieden sein -
mit den Vögeln Lieder singen,
sind des Lebens Sonnenschein.

# Energie

Es ist möglich,
dass man täglich
und so fröhlich wie noch nie,
lebt mit großer Energie!

Keine Trägheit, keinen Frust,
unbegrenzte Lebenslust -
ohne Zittern, ohne Bangen,
ein unbändiges Verlangen.

Dass man tolle Träume träumt
und das Leben überschäumt.
Fern von jeglicher Beschwerde
reißt man Bäume aus der Erde!

*„Jung te bluiwen dat ies ne Kunst -*
*aolt te wären, stoiht in Guoddes Gunst."*

# Wie Rehe

So mancher möcht sein Leben lang
so wie ein Reh sein - rank und schlank.
Er möchte über Hecken springen,
und manches sollte ihm gelingen.

Er möchte selber gerne rennen,
so schnell wie Rehe laufen können.
So sehr er sich auch danach sehnt,
dies ist ihm keineswegs vergönnt.

Denn wer sich selber hält zu gut
und gar nichts weiter dafür tut,
nur auf dem Sofa sitzt bequem,
für den ist dieses ein Problem.

Rehe, verfolgt auf einer Jagd,
in Hast und Todesangst gebracht,
sind stets bereit - zu jeder Stunde -
zu laufen schneller als die Hunde.

Weil sie das notgedrungen üben,
sind sie sich immer treu geblieben.


*„Füör suine Gesundheit*
*dao kamme wat füör daun."*

# Joggen

Joggen, sagt man, ist gesund -
mehr als Pillen hundert Pfund!
Joggen heißt, sachte zu laufen -
nicht zu pusten und zu schnaufen.

Joggen heißt Gesundheit tanken -
bei den Beinen sich bedanken.
Frei und locker sich bewegen
auf bequemen, ebnen Wegen.

Joggen lässt sich gut vertragen -
doch das Herz muss ruhig schlagen.
Herrlich ist des Herrgott´s Duft
draußen an der frischen Luft.

Sauerstoff bedeutet Leben
und nach Wohlbefinden streben.
So erwirbt man Schritt für Schritt
die Gesundheit und bleibt fit.


*„An der frisken Lucht läopen,*
*dat giet Gesundheit en gaßen Häopen."*

## Besser

Es ist besser, herzhaft zu lachen,
als ein trübes Gesicht zu machen.
Es ist besser, fröhlich zu winken,
als in Ärger und Trübsal versinken.

Es ist besser, spazieren zu gehen,
als gelangweilt herumzustehen.
Es ist besser, tüchtig zu schwitzen,
als träge auf einem Stuhle zu sitzen.

Es ist besser, draußen zu laufen,
als im Wirtshause sitzen und saufen.
Es ist besser, zu entsagen,
als sich den Magen voll zu schlagen.

Es ist besser, was zu verschenken,
als immer nur an sich selber zu denken.
Es ist besser zu telefonieren,
als eine gute Freundschaft verlieren.


*„Wai dat dait,*
*dai ies geschoit.“*

## Für einen Asketen

Schlafe wie ein Ratz -
esse wie ein Spatz.
Speise nicht zu gut -
denke an dein Blut!

Schlaf vor Mitternacht -
fröhlich aufgewacht.
Vier Uhr morgens auf -
frischer Tageslauf.

Gründliche Bewegung -
geistige Belebung.
Auf dem Kanapee
Füße in die Höh´!

Und mit jedem Schwung
wirst du wieder jung.
Weggefegt der Frust -
neue Lebenslust!


*„Dat ies nit joidermanns Sake -*
*dao matt me Sinn tau hewwen -*
*aower me kann äok Spass dran kruigen. "*

## Früchte und Salate

Wer in Gesundheit hat Erfahrung,
isst biologisch frische Nahrung
und hat auf seiner Speisekarte
viel Obst, Gemüse und Salate.

Mit Paprika und mit Melonen,
mit Orangen und Zitronen
kann man den Darm und Magen schonen
und mit Gesundheit sich belohnen.

In Äpfeln, Pflaumen, Apfelsinen
da wimmelt es von Vitaminen.
Und was ich hier besonders rühme
sind in den Möhren die Enzyme.

Dazu Salat, sehr delikat -
gut, wer im Garten welchen hat!
Wer sich ernährt nach dieser Art,
den Weg zur Apotheke spart.

So hat man auch in späten Jahren
elastisch saubre Kapillaren -
schafft Energie, kennt keinen Frust -
genießt das Leben voller Lust.

## Garten Eden

Schlag die Bibel auf und lies:
„Herrlich war´s im Paradies!"
Löblich kann man heute reden
von dem großen Garten Eden.

Von den Früchten auf den Bäumen,
wo die Säfte überschäumen…,
von dem Obst im Überfluss
und dem täglichen Genuss.

Grüne Keime sah man sprießen,
klare Bäche munter fließen.
Lebensschätze gab es pur -
reich war damals die Natur.

Was blieb uns vom Paradiese?
Eine bunte Blumenwiese -
manche schönen Blütenträume -
uns´re Wälder und die Bäume!


*„Bao Blaumen blögget,*
*un de Welt sick frögget -*
*bao Vüegel singet*
*un  Kinner springet,*
*dao ies dat Paraduis op Ären!"*

# Das herrliche Essen

Herrlich fühlt man sich am Tische
bei dem guten Schoppen Wein.
Wenn es Braten gibt und Fische,
kann man bester Laune sein!

Wunderbar das Essen schmeckt -
sachte spielt die Melodie,
wenn man sich die Finger leckt
nach dem „reichlichen Menü"!

Es ist wirklich ein Pläsier
und eine Genüsslichkeit -
ja, ein Lebenselexier -
und die Sorgen die sind weit!

Ist das gut auch für den Magen?
Danach muss man ja nicht fragen!


*„Et goiht nit füör en guerret Iätten -*
*män dat Danken nit vergiätten!"*

## „Nicht vom Brot allein"

Wie Hühner im Hühnerhof scharren und picken,
wie Eichörnchen Nüsse vom Baume pflücken,
wie Spechte im Wald an die Bäume pochen,
so stehen die Köche am Herd und kochen.

Wie Kühe und Schafe den ganzen Tag fressen,
so geht´s vielen Leuten um´s gute Essen.
Sie scheinen wegen des Essens zu leben,
um andere Werte nicht viel zu geben.

Doch lebt der Mensch „nicht vom Brot allein" -
für mehr noch sollt´ er geboren sein.
Er könnte sich über die Erde erheben
und nach einem höheren Leben streben.

*„Et giet näo mähr Dinge tüsker Hiemmel un Äre... "*

# Zwerchfell

Das Zwerchfell ist ein großer Schatz -
mitten im Körper hat es Platz.
Ein starkes Zwerchfell ist ein Segen -
man kann es nicht genügend pflegen.

Man könnte sich darin verlieben,
und täglich müsste man es üben…,
denn mit dem Zwerchfell atmen wir
und dafür braucht man ein Gespür.

Ein Zwerchfell wie Papier so dünn
ist für die Atmung kein Gewinn.
Das Zwerchfell, stark und gut trainiert,
den Brustkorb und den Bauch massiert.

Wie es sich auf und abwärts regt
und Brust und Unterleib bewegt!
Zieht sich zurück, tritt wieder vor -
für gute Atmung der Motor.

# Atem

Atem ist das Tor des Lebens -
niemals atmet man vergebens.
Jeder tiefe Atemzug
hilft dem Geist zu hohem Flug.

Atmen ist in der Natur
hilfreicher als jede Kur.
Atmen hält gesund und frisch -
mehr als ein gedeckter Tisch.

Kinder atmen laut und viel -
weit hört man ihr frohes Spiel.
Lieder täglich froh gesungen
stärken Herzen, Nieren, Lungen.

Atem lässt die Seele klingen
und das Herz im Leibe springen.
„Sing und spring den Tag entlang -
bleib gesund und werd' nicht krank!"

Atmen macht den Körper rein,
lässt ihn frisch und fröhlich sein.
Lässt zurück die Erdenschwere -
hebt dich in die Atmosphäre!

# Die Nieren

Kaum jemand weiß von seinen Nieren
und kein Gesunder kann sie spüren,
wenn sie bei Tag und Nacht nicht ruh'n
und fleißig ihre Arbeit tun.

Beständig lassen beide Nieren
des Körpers Flüssigkeit passieren,
schaffen dem Blut die freie Bahn,
damit es sauber fließen kann...

Wie wichtig uns're Nieren sind,
das müsste wissen jedes Kind -
ein jeder Mensch hat davon zwei,
denn ohne Nieren ist's vorbei!


*„Hai mochte suin Fauer*
*un har en Druoppen vüör sick staohn,*
*ä ne de Engelkes imme Hiemmel*
*nit biätter te drinken kruiget!"*

# Die Leber

Die Leber ist von robuster Natur -
sie wirkt und schuftet rund um die Uhr.
Es rufen die Trinker: „Sehr zum Wohl!"
und frönen dem Schnaps und dem Alkohol.

Auch die notorischen Zuvielesser
meinen natürlich, sie wüssten es besser.
Sie möchten achilen, schmarotzen und prassen
und sich auf ihre Leber verlassen.

Es geht nichts über ein „gutes Leben"!
Man muss der Leber nur Arbeit geben...
Die Leber trägt das mit Geduld
und übernimmt des Prassers Schuld.

„Drum hoch die Tassen und sehr zum Wohl!
Wir lieben Fette und Alkohol."
Die Leber kommt aus ihrer Balance
und hat am Ende gar keine Chance.

Dies herrliche Laboratorium -
die törichten Menschen bringen es um.
Man kann seine Leber nur entlasten
mit Sparsamessen oder mit Fasten.

# Das Herz

Einmalig ist des Menschen Herz -
spürt Liebe, Freude, jeden Schmerz.
Es ist ein kleiner Muskel bloß -
vielleicht wie eine Faust so groß.

Ein Wunderwerk aus Schöpfers Hand,
das unser Herrgott selbst erfand.
Kein Techniker kann es erfinden
und seine Ursprünge ergründen.

Das Herz mit unverzagter Kraft
vermittelt uns den Lebenssaft -
tut uns des Lebens Wärme kund
und hält uns munter und gesund.

Das Herz kennt keine Müdigkeit -
nimmt sich zum Ausruh´n keine Zeit -
kennt keine Nacht, kennt keinen Tag -
unrästig geht der Herzensschlag.

Es schlägt ein ganzes Leben lang -
und wehe, wenn das Ding wird krank!
Der Mensch zählt seine Schläge nicht,
bis dass das kleine Herze bricht.

*„Ne probate Gesundheit ies guet*
*füör en langet Liäwen.“*

# Die Lunge

Rosarot wie des Säuglings Zunge,
so sollte sie sein, des Menschen Lunge.
Wie frisches Quellwasser sollte sie sein,
so sprudelnd hell, so klar und rein.

Der Lunge Trauben - wunderzart -
sind von so filigraner Art,
sind winzig, mikroskopisch klein
und unbeschreiblich fein.

Die Lunge als ein hohes Gut
reinigt und läutert unser Blut.
Beständig filtert sie die Luft
und schafft dem Herzen neuen Duft.

Ein tiefer Atem treibt sie an
und schafft dem Blutstrom freie Bahn.
Das Herz mit immer neuem Schwunge
füllt immerzu mit Blut die Lunge.

Lunge und Herz wirken zusammen
in vorgeschriebenen Programmen.
Vom starken Herzen angetrieben
sollten wir Herz und Lunge lieben!

# Kettenraucher

Staub und Rauch auf allen Straßen -
schlechte Luft über die Maßen -
große Städte voller Smog -
Pfeifen aus dem letzten Loch.

Dreck und Unrat in den Lüften -
muss man sich noch selbst vergiften?
Statt die Lunge zu behüten,
sieht man Kettenraucher wüten.

Ob sie sich wohl selber hassen,
dass sie ihre Sucht nicht lassen?
Denn mit jeder Raucherstunde
geht Gesundheit vor die Hunde.

Wenn ein Kettenraucher wüsste:
„Ich steh´ auf der Todesliste!",
müsste es ihn tief erschrecken
und aus seinem Wahnsinn wecken!

Blut in Unordnung gebracht -
Lunge, schwärzer als die Nacht,
hat schon, ehe er´s gedacht,
manchen Raucher umgebracht!

# Krank

Heute hört man beinah jeden
stolz von seiner Krankheit reden.
Über Schmerzen klagen heute
nicht nur die ganz alten Leute.

Überall, ist das nicht "toll",
sind die Krankenhäuser voll!
Groß ist schon der Ärztemangel -
um Termine ein Gerangel.

Diese Krankenindustrie
ist die reinste Hysterie.
Krank zu sein, ist ganz normal -
Schmerzen gibt es ohne Zahl.

Hat man etwas aufzuweisen,
kann man sich fast glücklich preisen.
Drei sehr nette Rehawochen
frischen auf die morschen Knochen.

Das ist Urlaub erster Güte -
angenehm für das Gemüte.
Gut erholt komm man dann wieder
und hat frische neue Glieder.

# Der Doktor

Es lebt ein Doktor auf dem Land -
von hohem Ansehen und Stand.
Ringsum von Landwirtschaft umgeben
führt fröhlich er ein ländlich Leben.
Er nimmt, was die Natur ihm schenkt -
und was der liebe Gott sich denkt.
Was ihm sehr große Freude macht -
er geht so gerne auf die Jagd!
Und sind im Walde Sauen fest,
er seine Praxis ruhen lässt…
Die Kranken in dem Wartezimmer
werden indessen kränker immer.
Solange sind die Leute krank,
hat er auch Geld auf seiner Bank.
Auch Hausbesuche macht er gern -
lieber bei Damen als bei Herrn!
Kaum steht er auf des Hauses Schwelle,
da drückt er auch schon auf die Schelle.
Flink wie ein Wiesel tritt er ein:
„Sollt´ etwa einer krank hier sein?
Wie geht´s? Wie steht´s? Wie geht es Dir?
Ist nicht so schlimm, das hätten wir!“
Mit Fröhlichkeit, Humor und Spass -
so macht der gute Doktor das!
Ein gutes, frohgemutes Herz
vertreibt die Krankheit und den Schmerz.

Ja, ja, so ist der liebe Doktor -
dicht an des Bettes Rande hockt er.
Er fühlt den Puls mit „Weh" und „Ach"
und legt dann die Patienten flach.
Er prüft das Herz und misst das Blut -
das tut der armen Seele gut.
Und trägt der Kranke noch die Hose,
da kennt er schon die Diagnose!
Erstaunt ist jeder Patient,
was dieser Doktor davon kennt.
Man hätte es noch nicht erlebt,
dass er nicht wüsste ein Rezept!
Verschreibt als Onkel Doktor dir
das beste Lebenselixier.
Für jeden Fall, für jede Kur
genau die passende Tinktur…
Gibt Pillen, Pulver und Tabletten,
was seine Kunden gerne hätten.
Vielleicht „oral" ein süßes Tröpfchen -
dazu „anal" ein scharfes Zäpfchen.
Die Kranken sind mit ihm zufrieden,
weil Risiken er hat vermieden!
Als Spezialist für Hämorrhoiden
betreut er heiter sie hinnieden,
bis dass sie schließlich abgeschieden
und ruhen still und fromm in Frieden!

# Hypochonder

Schon früh am Morgen ist er matt -
es gibt nicht viel, was er nicht hat.
Und weil ihn die Geräusche stören,
glaubt er, er könne nicht gut hören.

An seinem armen, kranken Herzen
hat er beständig leichte Schmerzen.
Das Rückgrat ist schon ausgeleiert
und der Magen übersäuert.

Nach ein paar Schnäpsen oder Bieren
melden sich sogleich die Nieren.
Sein Leibarzt kann bei ihm nichts finden
und seine Krankheit nicht ergründen.

Der Doktor möcht´ ihn nicht verlieren,
drum sucht er etwas aufzuspüren,
schüttelt bedenklich oft das Haupt,
weil er an eine Krankheit glaubt.

So kommt der „Kranke" immer wieder
mit Schmerzen eines seiner Glieder.
Weil sie sind um ihr Leben bange,
drum leben Hypochonder lange.

# Der Pessimist

Wer sich den ganzen Tag mit Missmut quält
und hat nur trostlose Gedanken -
wem froh zu sein, die richtige Antenne fehlt,
der hat im Kopf Ansichten eines Kranken.

Wo reich und schön ringsum die Welt,
die Erde vielfältig und bunt,
wer sich da abweisend verhält,
das ist fürwahr ein armer Hund.

Der tut sich mit der Freude schwer -
hat stets ein Haar in seiner Suppe.
Ein volles Glas ist „schon halb leer" -
ein schönes Mädchen nennt er „Puppe".

Er möcht´ im Lotto nicht gewinnen
und hat sein Haus auf Sand gebaut.
Nichts Neues möchte er beginnen -
er hält sein Leben für versaut.

Und weil er solch ein Trottel ist,
bleibt lebenslang er Pessimist.


*„Füör en lang Gesichte*
*ies dat Liäwen viel te kuort."*

# Schlaf

Ein zufriedenes Gewissen
ist das beste Ruhekissen.
Willst du finden tiefe Ruh,
mach´ nicht alle Fenster zu!
Lass herein die frische Luft,
unser´s Herrgott´s süßen Duft.
Schlaf hilft dir, dich zu entgiften -
über Nacht Gesundheit stiften.
Schlafend kann man sich entbinden
von den schweren Essenssünden.
Um bei Nacht sich auszuruh´n,
sollte man bei Tag was tun.
Wer vertrödelt seinen Tag,
der liegt in der Nacht noch wach.
Wer nur an sich selber denkt -
die Gedanken auf sich lenkt,
dessen Nerven liegen blank,
der wird auf die Dauer krank.
Mit den Hühnern schlafen geh´n,
wenn die Stern´ am Himmel steh´n!
Guter Schlaf vor Mitternacht -
das ist eine wahre Pracht.

# Alter

Es gibt Leute, die sind mit 60 wie Greise -
sie schleichen gebückt und flüstern leise.
Das Jauchzen der Kindheit ist verschwunden -
sie kommen kaum noch über die Runden.

Sie geben klein bei und nennen es Tugend -
vorbei ist der Schwung und die Lust der Jugend!
Wenn Vögel singen, das ist für sie Krach -
zur nächtlichen Schlafenszeit liegen sie wach.

Sie reden vom Zipperlein in den Beinen
und statt zu lachen, möchten sie weinen.
Sie lassen sich ihre Sorgen nicht nehmen:
Krankheit und Siechtum sind ihre Themen.

Das Alter kommt mit Schrecken daher -
sie winken ab und möchten nicht mehr.
Mit anderen Worten, sie lassen sich geh´n -
betreut zu werden ist ja so schön.

Mit trübem, tränenumflorten Blick
nur schauen sie auf ihr Leben zurück!
Nichts Besonderes haben sie noch vor -
hinter ihnen schließt sich das Lebenstor.

## „Einsiedler"

Gar nichts zu machen ist fast Kult -
wer arbeitet, ist selber schuld.
Wie herrlich ist's, im Bett gelegen
das geliebte Bäuchlein pflegen.

Wenn man auf seinem Sofa liegt,
der Trainingsanzug schon genügt.
Man hat nicht viel auf seiner Liste -
für Kurzweil sorgt die Flimmerkiste.

Wie damals weise Leute lebten,
die stets nach Idealen strebten -
man denke nur, wie in der Sonne
Diogenes lag in der Tonne...

Und so vertreibt man sich die Zeit
mit Trägheit und Gemütlichkeit -
lebt fröhlich wie ein Philosoph -
wer heut' noch arbeitet, ist doof.

*„Wai fräoh opstoiht, dai wat vertiehrt -*
*wai liggen blitt, diän Guott erniährt."*

# Pfadfinder

Als „Freikörperkultur" bekannt,
gibt es am Meer den „nackten Strand",
der schlichte Bürger oft entsetzt -
mit „Adamskostümen" besetzt.
Da kommen nun von ungefähr
die Pfadfinder am Strand daher.
Im Wasser schwimmt ein Frauenkopf
mit Bademütze auf dem Schopf.
Die Frau fängt plötzlich an zu winken
und schreit, als würde sie ertrinken!
Sie fuchtelt, winkt mit beiden Händen -
das laute Schreien will nicht enden.
Hilflos dem Wasser preisgegeben,
scheint sie zu fürchten um ihr Leben.
Zu einer „guten Tat" bereit
und weil die Frau so schrecklich schreit,
fangen die Jungen an zu laufen:
„Die arme Frau ist am Versaufen!"
Schon ziehen sie sich aus die Jacken,
um jene Frau am Schopf zu packen.
Da wird noch lauter ihr Geschrei -
die Dame ist ein „Nackedei"
und fängt ganz wahne an zu fluchen:
„Haut ab! Ihr habt hier nichts zu suchen!"
Hier sieht man, was man öfter hat,
wie schwer ist eine „gute Tat"…

# Jagdrevier

Das Jagdrevier mit Sauen und Hirschen
ist mehr als tausend Hektar groß -
und die dort jagen geh´n und pirschen,
sind Herrschaften - die haben „Moos"!
Sie zahlen gern die hohe Pacht,
weil zum Prestige gehört die Jagd
und man mit einer Hochwildjagd
vortreffliche Geschäfte macht.
Hoch in der Kanzel herrscht Komfort -
das ist ein ausgesuchter Ort,
mit Plüsch und Teppich ausgelegt -
sauber geputzt, tipptopp gepflegt.
Mit einer Stütze für den Rücken
und Fensterscheiben gegen Mücken,
den Wärmeofen an den Füßen,
kann man das Waidwerk voll genießen!
Doch gäb´ es solche Herren nicht
mit großem Einfluss und Gewicht,
die zahlen können für die Jagd,
den Wildschaden, die teure Pacht,
dann gäbe es im Waldrevier
nicht einen Hirsch, nicht mal ein Tier.
Dass reich an Wild ist die Natur,
verdankt man solchen „Jägern" nur.

# Nimrode

Die großen Nimrode enden
mit ihren Trophäen an den Wänden.

Sie haben das Waidwerk mit Eifer genossen -
und Hirsche, Sauen und Böcke geschossen.
Sie führten ein Leben in vollen Zügen
und ließen im Walde die Kugeln fliegen...

Diana prägte ihr jagdliches Streben
und ließ sie über den Wolken schweben -
geschätzt und getragen vom Renommee
in höchsten Kreisen der Hotvolee.

Die stolzen Trophäen an ihren Wänden,
sind nichts mehr wert, wenn die Nimrode enden...


*„Wann alles hui unnen taum Daister goiht*
*un keiner woit, bao et henne goiht,*
*dat ies op der Welt de Vergänglichkeit."*

# Der Hering

Der billigste und beste Fisch
das ist ein Hering auf dem Tisch.
Der Hering ist ein gutes Essen -
Feinschmecker sind darauf versessen.
Ist er erst ins Netz geraten,
ist der Hering gut zum Braten.
Eingelegt im Heringstopf,
ohne Stät und ohne Kopf,
zart gedünstet und apart
schmeckt er auch auf saure Art.
Kalt geliert und in Aspik,
sehr gesund, macht er nicht dick.
Als ein „Bückling", heiß geräuchert,
er den Frühstückstisch bereichert.
Eingerollt wird er verschandelt
und in einen „Mops" verwandelt.
Bismarck selbst zu seiner Zeit
kannte diese Köstlichkeit.
Weil der Hering billig ist
und ihn jedermann gern isst,
wird er, auf den Tisch gesetzt,
leider oft nicht hoch geschätzt.
Heringe sind wunderbar -
schmecken toll wie Kaviar.
Er ist, wie man auch sagen kann,
der Kaviar vom kleinen Mann.

## Zu Hause

Wer zu Hause bleibt und dichtet,
ist zu weiter nichts verpflichtet.
Alles ist ihm wohlvertraut -
fröhlich er durch´s Fenster schaut.

Sieht, wie dort ein Vogel fliegt -
schon ein kurzer Blick genügt:
„Herrlich - so gefällt es mir -
gern zu Hause bin ich hier!"

Sokrates blieb in Athen -
wollte von der Welt nichts seh´n.
Groß war seine kleine Welt -
ohne Gut und ohne Geld.

Diogenes in der Tonne
wollte nichts als nur die Sonne.
Ist die Welt auch noch so klein,
auch daheim gibt´s Sonnenschein.


*„De Welt ies vull van Wunnern -*
*un allerwiägen schoin -*
*wuoll diäm, dai dat te schätzen woit -*
*un manges äok op Reisen goiht."*

# Schreiben

Schreiben ist eine Therapie -
wer schreibt, der ist nicht mehr allein.
Er kann beglücken sich mit Harmonie
und weit auf der Welt zu Hause sein.

Gedanken lassen sich im Kopf entfalten...
Von jeder Langeweile abgelenkt -
wird man mit  Köstlichkeiten unterhalten
und von den Göttern reich beschenkt.

Wer schreibt, der lebt mit den Geschichten,
kann Anregung sich bei den Musen leih´n,
kann beim Erzählen und beim Dichten
sich selbst und andere erfreu´n.


Wer schreibt,
der bleibt.



*„Wai Spass hiät amme Vertellen un amme Schruiwen,*
*dai hiät liuter wat te daun un kennt keine Langewuile. "*

# Bücher

Gute Bücher muss man genießen
und als seine Freunde begrüßen.
Bücher kannst du nach allem fragen -
Bücher haben dir viel zu sagen.

Bücher sind höflich und bescheiden -
Banausen mögen Bücher nicht leiden.
Bücher warten bei Tag und bei Nacht
und erzählen, was and´re gedacht.

Bücher drängen sich dir nicht auf
und begleiten den Tageslauf.
Bücher wissen, was früher gewesen -
gute sollte man dreimal lesen.

*„In diän Baikern spaigelt sick de Welt...“*

# Kinder

Ein frohes Herz und Heiterkeit
erfüllt die ganze Kinderzeit.
Fröhlichkeit ist angesagt,
wenn man in der Schule lacht.

Wo in der Schule Frohsinn fehlt,
da ist der Unterricht entseelt.
Langeweile ist ein Graus -
löscht die Lust am Lernen aus.

Die Schule ist kein Tal von Tränen -
kein Berg von Jammern und von Gähnen.
Kinder möchten auch mal singen -
möchten fröhlich sein und springen…

*„Langewuile ies dat schlimmeste,
wat me Kinnern andaun kann."*

# Tugendhaft

„Als ich noch ein Kind war", sagte die Tante,
„da hatten wir nur nette Verwandte.
Wir Kinder waren so wohl erzogen -
wir haben die Eltern nicht einmal belogen!

Auch Streit und Zank hat es niemals gegeben,
so überaus tugendhaft war unser Leben.
Manierlichkeit war am Tisch bei uns Brauch
und gut in der Schule waren wir auch.

Wir waren die Besten im Schreiben und Lesen!"
„Ihr seid also niemals Kinder gewesen!?"

*„ Luie, dai säo prick un schick sind*
*un bao me kein Fisselken anne saihn kann,*
*dai sind aower manges en biettken langwuilig. "*

# Kaffeekränzchen

Schaut mal, was für nette Damen
am Nachmittag zusammenkamen!
Sie kennen sich so lange schon
und jede trifft den rechten Ton.
Der Kaffee macht die Stimmen locker -
da wird geplaudert frisch vom Hocker.
Es wird erzählt, es wird gefragt -
man weiß schon, was die andre sagt.
„Dass Schulten Mia heiraten möchte -
es fehlt ihr aber noch der Rechte!"
„Die Christel hat sich frisch verliebt,
weil sie um Heiner nichts mehr gibt."
„Der Herr Pastor hat gut gepredigt -
ich war nachher total erledigt!"
„Bei uns steht alles gut zu Haus -
beim Nachbarn sieht das anders aus."
Es heißt ja immer: „Jede Mutter
lobt gerne ihre eigene Butter!"
Man unterhält sich wieder heute
hauptsächlich über andre Leute -
weiß alles, was im Dorf gescheh'n -
das meiste ist ja auch ganz schön.
Und so vertreibt man sich die Zeit -
man ist zu jedem Scherz bereit
und bemerkt zum guten Schluss -
das Kaffeekränzchen ist ein „Muss"!

# Viva la musica

Als Gott, der Herr, die Welt gemacht,
hat er sich was dabei gedacht.
Er schenkt´ den Menschen die Musik -
dazu den immer heitren Blick.

Er hat uns die Musik gegeben,
weil er uns gönnt ein fröhlich Leben!
Was unserm Herrgott nicht gefällt,
das ist die Trägheit auf der Welt!

Wie schön statt dessen ist Musik -
ein frohes Herz, ein stilles Glück.
Ja, wer Gesang und Musik liebt,
der weiß, dass es den Schöpfer gibt!

Dort, wo man sich am besten fühlt
und eine gute Musik spielt,
da setzt euch hin, da lasst euch nieder -
singt eure allerschönsten Lieder!

Und mit dem froh beschwingten Tanz
wird fröhliche Musik erst ganz!
Tanz und Musik das ist fürwahr
ein gottgewolltes Musenpaar.

# Augen

Augen zeigen des Menschen Wesen -
in den Augen kann man lesen.
Es gibt Augen - traurig und trübe -
und die strahlenden Augen der Liebe.

Augen, die den Nebel durchdringen
und mit den Vögeln Lieder singen.
Staunende Augen - offen und weit -
für die Zukunft und Hoffnung bereit.

Spröde jedoch ist ein Gesicht,
wenn der Geiz aus den Augen spricht.
Augen können die Menschen verführen,
dass sie Glauben und Hoffnung verlieren.

Augen können die Menschen zwingen -
können sie töten, ums Leben bringen.
Vor einem bösen, unseligen Blick
gibt es für viele kein Zurück.

Augen mit einem guten Gemüte
sind von einer unendlichen Güte.
Mit den Augen kann man genießen -
Freundschaften fürs Leben schließen.

Mit den Augen kann man sprechen,
gute Laune vom Zaune brechen.
Statt zu weinen, kann man lachen -
schöne, muntere Spiele machen.

Wo man frohe Lieder singt
und das Herz im Leibe springt,
kannst Du in die Augen sehn -
lachende Augen sind wunderschön.

Augen sind der Seele Spiegel -
zeigen deines Geistes Flügel.
Augen sagen, wer du bist
und wo du zu Hause bist.

*„Hai har säon fuin Lachen ümme de Äogen -
en hellen Straohl van liuter Laiwe."*

# Westfaolen

Van diän Westfaolen - diän Westfaolen
dao kamme sick en Bild van maolen.
Westfaolen dai sind van Natiuer
säon biettken opsternäötsk un stiuer.
Sai sind ä iut der Äre wassen
un könnt gaß wahne wat verpassen.

Im Biärge unner dicken Oiken
dao kaste de Westfaolen saiken.
Westfaolen sind ne stiueren Schlag.
Se maket sick en guerren Dag
un sind wuoll manges klüngelig,
aower kein biettken pingelig...

Nix laiwer dauet de Westfaolen,
ä sick vertellen wat un praohlen -
un könnt buim Laigen un buim Prachen
äok maol üöwer sick selwes lachen.
Bao de Westfaolen sind tegange,
se maket sick vüör gar nix bange!

Se laotet sick nit ümmeschmuiten -
könnt Boime iut der Äre ruiten.
Mast dao en Sack vull Saolt met iätten,
dann dauet se di nit vergiätten.
Wai de Westfaolen hiät taum Frönne,
dai hiät se bit ant Liäwensenne!

# En Biuerndüörpken

Säon Biuerndüörpken op der Haar
dat ies ne oigene Welt,
bao me sick vandage näo
an uesen Hiärguott hält!

Dao ies dai guerre aolle Tuit
säon biettken stille staohn -
dao kaste, wann et Aowend wärd,
näo op de Straote gaohn.

Dao giet et näo ne Naowerskopp,
bao joider joiden kennt -
en guerren Naower ies wat wärt -
mähr ä ne wuien Frönd!

Bui Vuegelsang und Blaumenduft
kaste tefrien suin,
hiäst alle Dage friske Luft
un hellen Sunnenschuin.

Dao fuiert se dat Schüttenfest
säo ä et ues gefällt
un segget uesem Hiärguott Dank
füör suine schoine Welt!

# Wamel

Bao giet et säo ne schoine Natiuer?
Bao wasset de Luie säo stark un stiuer?
Bao schuint de Sunne bui Dage säo helle?
Bao springet de Bieke säo klaor iut der Quelle?
Bao wegget de Wind imme Dahle säo sachte?
Bao kamme äok schlaopen säo guet in der Nachte?

Et ies en Duorp imme duitsken Land
füör suine Fröndlichkeit bekannt!
Un dat ies sieker kein Geschwamel:
„Dau mi de Hand - iek sin van Wamel!"
In Wamel dao hät se ne gräote Tugend -
in Wamel dao bugget se op de Jugend!
Dai Aollen haolt't häoge de Traditiäon -
dai Jungen wiärket im´ Stunnenläohn.

Jao, dao ies Wamel besonners op stolt,
dat dai Aollen un Jungen tesammen haolt't!
Dat suiht me an diäm Dilettantenverein -
wat ies dat Theaterspiellen schoin!
Iek kann ugge seggen, dat ies kein Geschwamel -
et goiht nix üöwer dat Düörpken Wamel!
Wann alles op Ären taum Daister goiht -
wai woit, biu lange de Welt näo stoiht...
Wann allerwiägen verlösket de Lechter,
in Wamel dao goiht dat Liäwen föchter!

## Bernhard Reinold - Lehrer in Wamel zum Beginn des 20. Jahrhunderts

Der Lehrer Reinold war ein Mann,
von dem man viel erzählen kann.
Als Schulmeister mit vielen Pflichten
fand er noch immer Zeit zum Dichten.
Hat 80 Kinder unterrichtet -
hat musiziert, gelehrt, gedichtet.
Und alle Kinder in der Klasse
waren von echter Wamler Rasse.
Er konnte geigen, Orgel spielen -
das waren Künste nur von vielen.
Er schuf die heute noch bekannten
die heiter, lust´gen Dilettanten.
Er hat die Feuerwehr betreut,
sich an der Blasmusik erfreut -
ließ Wamel froh und glücklich sein
als Leiter im Gesangverein.
Er hat sie noch sehr gut gekannt -
die „gute Zeit" dort auf dem Land,
liebte das grüne Möhnetal
und seine Heimat allzumal.
Er hat sein Dorf, das Tal besungen -
manch schöner Vers ist ihm gelungen.
Noch heute singt man immer wieder
seine schönen Heimatlieder.

## Op me Schüttenfeste

In Körbke op me Schüttenfeste
jao, dao was Stimmung oppet beste.
Se harren alle viell Plasoier
un drünken gaße Pötte Boier.
Op maol dao schlaug de Blitz dao in -
un mirren in de Telte rin!
Dao waset duister niu op maol
rundümme in diäm Schüttensaal.
Et was en fürchterlich Düöroin,
kaost keine Hand vüör Äogen saihn.
Dai Musikanten op der Hille
dai sind met oinem Schlage stille.
Me hört bläoß näo de Pauke gaohn,
dai kann äok aohne Näoten schlaon.
Me höft diäm Ober nit te winken,
kann anner Luie Boier drinken...
Me kann sick düchtig Schnäpse siupen,
de Frauluie unner de Röcke kriupen...
De Frauluie sind amme schriggen -
im Duistern let sick biätter friggen.
Me kann dr selwes äok nit tau,
wemme verlüsst de oigene Frau.
Hiät me wat Leckres dann im Arm,
dat hält me sick säon biettken warm!
Marjäosterdag, wat is dat schoin -
buim Schüttenfeste säon Düöroin!
Nai, nai, dat is jao gar nit schlecht,
en Fest te fuiern aohne Lecht…

# Imme aollen Kiärspel

Bao giet en Kiärspel met säo viell Geschichten
tau me Vertellen, Schruiwen un Dichten?
Bao hiät et giewen säo viell Originale
ä op der Haar un im´ Maihnedahle?
Dao liäwere Jaokob, dai Hittenhoier
un Schaopställers Truine, dat arme Duier.
Diäm kleinen Kaulmänneken an der Maihne
diäm hor suin Mömmeken gaß alloine.
Wat was dat ne Tuit, ä Sörres Ock
met suinen Guilen inte Waolle trock -
ä Hahnen Fernand de Miälke brachte
un bui joidem Liter dreimaol lachte.
Ä Sörres Witte un Hennrich hät luogen,
dat sick imme Duorpe de Balkens buogen.
Ä Karlchen van Bolsau schlaip imme Sträoh,
un Pöstken mek hui de Luie fräoh.
Ä op me Fastaowend ä nit geschoit
dai Laier diän Baren daßen lait.
Dai Stirnbiärge op me Schüttenfeste
dat wäören dao gaß unwuise Gäste.
In Körbke in Mester Stüttings Kiärke
dao hälte Schulte de leste Priäke.
Dao har uese Hiärguott näo wat te seggen -
de Mesken dä´n sick op diän Sunndag fröggen.
De Luie wäören säo arme ä Job,
aower Kinner harr´n se en gaßen Tropp.
Daomaols dao wäören de Wiesen näo grain -
un dat Maihnedahl was wunnerschoin.

## Ne Hitte dai kann kuiern

Dat Bennätzken was op der Diäll -
dao kam säon Päöterken van Wiärl -
dai woll füör't Kläoster kollektoiern
un fäng äok faots an te redoiern...

Met suinem gräoten Hittenbaort -
met Räosenkraß un Paotersstaot
un ümmet Luiw en dicket Strick
un ne Kapuzze imme Knick -

koik dai üöwer de Luiendüör
un fraig, bao suine Mama wäör:
„Muin Jüngesken, en schoinen Griuß!
Ies duine Mama nit te Hius?"

Dao schlaug dat Bennätzken Radau:
„Oh, Mama, Mama, kuemm maol gau!
Iek well füör gar nix garantoiern -
aower dao ies ne Hitte, dai kann kuiern!"

# Paohlbürger

Hai let Guoddes Water üöwer Guoddes Land läopen
un hiät guerre Liune en gaßen Häopen.
Hai let sachte gaohn un kennt keine Uile -
hiät liuter Tuit, aower keine Langewuile.

Hai woit, wat Nigges imme Blatte stoiht
un woit imme gaßen Kiärspel Beschoid.
Bao en Hittlämmeken schlachtet wärd,
dao goiht hai henne un hält diän Stät.

Un ies imme Duorpe Schüttenklaog,
dann mäkete sick en guerren Dag.
Wann de Mussik spiellt, wärd hai kribbelig -
hai ies äok säon biettken niggelig.

Hai ies bekannt ä ne bunten Ruien
bui Blagen, Duiers un bui Luien.
Ne melke Hitte un ne fluitige Frau
dai sind iähme laiwer ä ne güste Kauh.

Hai let sick äok saihen in der Kiärken -
ies aower füör lange Mettwüörste un kuorte Priäken.
Et ies keinen lägen Viggeluinenstruiker -
un nit maol bange vüör me Duiker.

# Unnen in der Kiärke

De Här Pastäoer met guerrem Bedacht
har Willem taum Kiärkenproviser macht.
Hai möchte niu rümmegaohn in der Kiärke
un kollektoiern dao faots nao der Priäke.
Uese Willem kam niu gaß schliepstätsk nao Hius
un was di säo still ä ne Kiärkenmius.
„Diu hiäst doch wat, et ies doch wat!", sagg suine Frau.
„Ach jao, dat küemmet mui alle te gau.
Diu gloiwest et nit, aower denk doch maol, Ella,
iek sall Sunndag rümme gaohn met me Teller."
„Diu sast imme Häochamte Geld kollektoiern,
dann mövve dat ois op me Balken proboiern!"
„Jao, jao", siet hai, „dat make ve säo -
dao ligget jao näo en paar Bünnekes Sträoh.
Diu goihst dao ächter de Richten staohn -
un iek matt dao dann anne riuter gaohn!"
Un Ella har sick dao niu ächter ducket
un ümmer säo met diän Sträohgarwen nucket...
Dai Kiärkenproviser gäng op un dahl -
op maol dao gaffet en gräoten Knall.
Hai stüörtere düör de Liuke nao unnen
un was iut Ellas Äogen verschwunnen:
"Ei, Willem, bao biste denn niu te Wiärke?"
„Och, Ella, iek sin niu unnen in der Kiärke!"

## Mömmeken in der Kiärke

En Mömmeken har in der Misse sungen -
har sungen säo schoin ä de Nachtigall.
Dat har düör de gaße Kiärke klungen:
„Oh, Maria, hilf uns all hier in diesem Jammertal!"

Ä niu de Häomisse was iut
un dat Mömmeken goiht iut der Kiärke riut,
dao suiht dai Köster vam´ Middelgang:
Dao ligget de Tiähne näo op der Bank!

Dao siet dai Köster: „Dat ies jao en Dingen -
wat könnt Ui aohne Tiähne schoin singen!"
„Nai, Köster, dai Tiähne dat sind jao nit muine,
dat sind män bläöß uesem Opa suine.

Köster, dat ies doch wuoll te verstaohn -
iek hewwe doch imme Uowen en Brao´n -
un dai Opa, bao iek in der Kiärke siätten,
sall dai mui diän Sunndagsbraoen opfriätten?"

# Pionia un Pomerentia

Et wäören maol twoi Nunnen,
dai säo schoin droimen kunnen.
Dat oine was Pionia -
dat annere Pomerentia.

„Wat hiäst diu droimet, Pionia?"
„Ne Wallfahrt nao Wiärl, Pomerentia!"
„Härjeh! Diu hiäst ne Wallfahrt macht?
Iek har nit säo ne fruemme Nacht!

Stell di maol vüör, Pionia,
iek har en Dräom gaß wunnerbar!
Dao hiäste würklich wat versäumet -
iek hewwe gaß wat schoinet droimet:
Iek konn et selwes äok nit ännern -
iek schlaip tüsker twoi jungen Männern!"

„Meineh!", raip dao Pionia,
„potztausend, Pomerentia!
Baorümme däste mi nit wecken?
Maol iäwen duine Hand iutstrecken?"

„Pionia, dat woll ick jao,
aower diu wäörst jao gar nit dao!
Diu wäörst jao op diäm Wiäg nao Wiärl!
Wat woste dao dann met em Kiärl?"

# Fiägefuier

Et giet en Stücksken van oinem Manne -
dao har de Frugge de Bückse anne.
Sai schannte ne alle Dage düöroin -
dai arme Mann was manges säo klein!
Dai Aollske bloiw amme kummedoiern -
un dai truie Schluffen mochte paroiern!
Et konn füör diän Mann nit schlimmer wären -
hai har dat Fiägefuier op Ären!
Dao wasse dat oines Dages loid
un mek sich wiäg in de Oiwigkeit!
En halwet Jaohr läter starf äok dai Frau -
un schwiäwere sachte diäm Hiemmel tau...
Un ä se dann kam dao uowen an,
dao söchte se dao iähren siäligen Mann.
Dai was aower gar nit im´ Hiemmel drin!
Dao saggte dai Frau: „Dat kann doch nit sin!
Diän Hiemmel hiätte sick dreimaol verdennt -
et wünnert mi, dat ne hui keiner kennt!
Un im´ Fiägerfuier", saggte dai Frau,
„dao kanne nit suin, dat woit iek genau!
Dat woit bui ues de ganze Stadt -
dat Fiägefuier dat hiätte all hat!"
Un dao koiken se näomaol alles nao -,
un bat mein ui wuoll? Bao wasse dao?
Se koiken bui de Cherubim
un söchten bui de Seraphim -
se söchten lang - un näomaol twiärs...
un bao wasse? Bui de Märtyrers!

## Düör de Büske

Biu faken sin iek läopen
düör Wiese, Waold und Feld -
dao hor mui gaß alloine
de schoine graine Welt!
Dao bui de häogen Boime
har iek de schoinsten Droime -
dat was en gräot Vergnaigen!

Lot ues diän Hiärguott luowen
füör Wiesen, Busk un Holt,
dai suine Hand van buowen
hält üöwer uesen Waold!
Dao bao de Böcke springet
un alle Vögel singet,
dao was iek gärn terhoime!

Wann iek met muinem Puister
konn tau me Jagen gaohn,
dä iek tau allen Tuien
mi in de Büske schlaon…
Dao was iek gaß alloine,
jao, dat was wunnerschoine -
dat was en gräot Vergnaigen!

# Dai gräote Waold

Iek luowe hui - allmächtig stolt -
diän schoinen gräoten duitsken Waold!
Bao diusend Biärge stark un stiuer
in Guoddes herrlicher Natiuer -
dao bao de Welt goiht op un dahl,
ieset am schoinsten alltemaol!

Dao recket sick dai dicken Boime -
dao sind de Willen Bärs terhoime.
Dao goiht dat Vössken op de Jagd
un siet diäm Hasen „Guerre Nacht"!
Un manges hörste düör de Braken
dai räoen Hiärteböcke kraken…!

Dao bao dai daipen Suipens sind,
biu sachte wegget dao de Wind…
Kein Wier ies dao ungeliägen -
bui Sunnenschuin, Sturm oder Riägen -
dao ies kein Meske wuit un suit,
dao wärste duine Suorgen quuit.

Dao hörste in der  Einsamkeit
bläoß en verluren Vuegellaid.
Un wat am moisten dao gefällt:
Me ies wuit wiäg van aller Welt!
Dai laiwe Hiärguott goiht met Stolt
düör suinen schoinen gräoten Waold!

## Dat nigge Froihjaohr

De Sunne schuint säo hell un klaor -
dat nigge Froihjaohr dat ies dao!
Un met der niggen Jaohrestuit
dao sin ve niu diän Winter quuit!
Un kuikeste maol düör de Riuten,
et wärd niu liuter schoiner biuten -
et wärd niu grain op allen Stuien,
Schnoiklöckskes sind amme luien!
Füörske hüppet - Vüegel singet,
Twieke druiwet - Knoppen springet.
Immen fanget an te summen,
Hummelten sind amme brummen...
Et wegget niu ne sachten Wind -
de Miäkes äok genehmer sind...
Säo warme ies de Sunnenschuin -
schoiner kann et gar nit suin!
Un wat ues fällt besonners lichte,
dat ies en fröndlicket Gesichte.
Jao, fröndlick suin ies nit verkährt
un ies doch säo ne Masse wärt!
Un wemme sick dr män nao stellt,
wat kann et schoin suin op der Welt!
Niu wevve ues van Hiärten fröggen
un uesem Hiärguott Danke seggen!
Un niähmen met van Hius te Hius
en bunten Froihjaohrsblaumenstriuß!

# Wunner

Et ies op der Welt en gräot Düöroin -
viell Unheil un Dummheit kritt me te saihn.
Dao matt me sick maol fraogen metunner:
Giet et denn op der Welt näo Wunner?
Jao, wann op de Welt en Kinneken küemmet,
de Mama et in suine Arme niehmet.
Wann imme Froihjaohr de Kuckuck raipet -
en Hiäseken düör de Büske loipet.
Wann et grain wärd in Biärg un Dahl -
et singet un jiuchet de Nachtigall.
Wann imme Waolle de Boime riusket -
un Mester Reineke stoiht un liusket.
Wann Pinkesträosen un Akelai
in uesem Gaoren blögget im Mai.
Wann Kinner vüör liuter Wiälldage springet
un Vüegelkes quinkeloiert un singet.
Wann Vüle flaiget nao Afrika -
un imme Froihjaohr sind se wier dao.
Wann vamme Hiemmel küemmet de Riägen -
de Hiärguott giet daotau suinen Siägen.
Wann oiner goiht trui suiner Arbet nao -
un en annerer ies für de Kranken dao!
Wann oiner hiät kein Guet un kein Geld
un küemmet lichte un frui düör de Welt.
Wann funnen sick hiät en Laiwespärchen,
äok dat ies en Wunner - säo schoin ä im Märchen!

111

## Mutter Maria

Maria hatte schöne Hände -
die Arbeit sah man ihr nicht an.
Nie ging der Tag für sie zu Ende -
sodass man ihr nur danken kann!
Maria hat nicht viel gesagt -
kein lautes Wort hat man gehört.
Über die Arbeit hat sie nie geklagt
und niemals hat sie sich beschwert.
Fünf Kinder waren ihre Zier.
Und wollten die einmal nicht taugen,
sie hatte dafür ein Gespür -
gesprochen hat sie mit den Augen…
Herrlich die Wochen im Advent -
Knecht Ruprecht und Sankt Nikolaus!
Wo eine kleine Kerze brennt,
da wird es still und hell zuhaus.
Voll Wunder war die Heilige Nacht -
das war ein Glitzern und ein Glanz.
Das Christkind hat uns froh gemacht -
wir hatten uns're Mutter ganz.
Mutter, du schenktest uns das Leben -
doch Kinder danken meistens nicht.
Wir können Dir zurück nichts geben
als nur ein einfaches Gedicht.
Was uns von Deiner Sorge blieb -
wir haben Dich noch immer lieb
und möchten streicheln ohne Ende,
Mutter Maria, Deine Hände!

# Danklied

Niu danket alle uesem Härn
füör suine schoine Welt -
dai Sunne, Maone un de Stärn
in suinen Hännen hält!

Lot ues tehäope fröndlick suin
un gaohen Hand in Hand -
bui Riägen un bui Sunnenschuin
tefrien un kuntant.

Bao säon Düöroin ies wuit un suit,
niähm, Hiärguott ues in Acht
un helpe ues düör düese Tuit,
haolt üöwer ues de Wacht!

Maria, diu bist äok näo dao -
et ies säo guet met dui…
Diu bist ues ümmerwährend naoh,
blist duinen Frönnen trui!

# Inhalt

**Weitere Veröffentlichungen von Jupp Balkenhol:**

*Rund ums Geld*

*Van kleinen Luien*

*Hier geht's rund - Lachen ist gesund*

*Dat sind Luie*

*Hier wird wieder gelacht*

*Frauluie - Mannsluie*

*Pastörkes - Kösters - Schaulmagisters*

*Wille Bärs - Fürsterkes - Jägerlatuin*

*Lach dich krank! Lach dich gesund!*

*Pöstkens lustige Streiche und Dönekes*

*Spass auf dem Nachtkonsölchen*

*Wahne Käls!*

*„Hau den Lukas!"- Kirmesgeschichten*

*Wat en Theater!*

*Dat Beste is lachen und lustig suin*

*En lachend Gesichte*

*Poesie der Singvögel*

*Alle Vögel sind schon da!*

*Nur Dummheit?*

*Gesundheit - Energie - Frohsinn*

**www.plattdeutsch-westfalen.de**

# Unter Adlern

Heute Abend ging ich mit Jay eine andere Runde

Auf den Feldern weit draußen ließ ich ihn frei.

Mögen Adler wohl kleine dicke, weiße Hunde?

Ich überlegte besorgt, ob er ihr Beuteschema sei.

Erst sah ich den Bussarden zu und ihrem seltsamen Spiel,

sie riefen sich balzend, stiegen auf, stürzten ab, immer

wieder.

Dann kamen die Adler, denen der Freiflug am Abend gefiel.

Gleitend in Kreisen kamen sie nah hernieder

und sahen dabei so groß und gefährlich aus.

Aber mein Hund so klein! Ich machte mir Sorgen,

rief ihn zu mir, wollte schnell nur nach Haus.

Zu gefährlich schien mir, was im Adlerhirn verborgen.

# Alt werden

Alt werden wollen sie alle

Doch keiner will es sein.

Ich werd' nicht alt

Ich bin es schon

Wenn man die Jahre zählt

Und das, was ich erleben durfte.

Auch meine Knochen und Gelenke

Sind nicht mehr das, was sie mal war'n.

Die Haut verliert an Zähigkeit

Wird ehrlicher und zeigt, was mir geschah.


Nun denn, dann nehme ich den Schweinehund,

Das Alter, freundlich an und lass ihn in mein Bett

Dort soll er mir den Rücken wärmen

Solang er mein Gehirn verschont.

# Von der Stirne heiß rinnen muss der Schweiß - nur gut, dass ich es besser weiß

Der Orthopäde hat geraten,

ich solle nicht mehr länger warten,

soll Reha-Sport betreiben – und zwar viel mehr

als nur mit dem Hund spazieren hin und her.


Arglos habe ich dem Arzt geglaubt,

und ungeprüft ihm voll vertraut.

Habe ein Etablissement mir ausgesucht

und unerschrocken dort gebucht.


Heut war ich da und musst' erfahren,

wie eingerostet Sehnen und Gelenke waren.

Noch viel schlimmer war das Grauen

Männer zu erleben und auch Frauen,

die verbissen sich quälten mit Emsigkeit

für eine mir endlos erscheinende Zeit.


Geräte, die ich für Folterbänke hielt,

trainieren Muskelgruppen ganz gezielt.

Am Boden wird getänzelt, die Arme werden
geschwungen,

auch dazu habe ich mich durchgerungen.

Doch böse Erkenntnis ward in mir geboren:
Ich habe meine Balance verloren!
Ich steh nicht sicher mehr auf dieser Erde.
Ob ich das je verwinden werde?

Auf einem Beine sollt' ich hampeln
und kam in würdeloses Strampeln.
Wär' bloß mein linkes Knie nicht so lädiert-
dann hätte ich gewiss brilliert.

# Die Autorin:

Viel erleben und darüber schreiben - das war und ist mir wichtig im Leben. Ich liebe die Natur und das Reisen, sammele mit Begeisterung neue Erfahrungen, führe Gespräche mit vielen Menschen und kann gut zuhören - daraus wachsen Impulse zu vielen meiner Geschichten und Gedichte. Selbst wenn ich beim Spaziergang mit meinem Hund mit jemandem ins Gespräch komme, erfahre ich fast immer kleine oder große Geschichten.

Aufgewachsen bin ich in einer westfälischen Kreisstadt in der spießigen, oft verlogenen Atmosphäre der Nachkriegszeit. Schon ganz früh habe ich mich danach gesehnt, in die weite Welt hinausgehen zu können und die meisten meiner Träume konnte ich verwirklichen. Ich lebte mit meiner Familie in verschiedenen Ländern und wir sind viel gereist. Studiert habe ich Landespflege, Psychologie und Englisch sowie eine zusätzliche Ausbildung als Touristikkauffrau gemacht.

Zwei Kinder und ein wunderbarer Ehemann haben mein Leben stark geprägt, aber auch der viel zu frühe Verlust meines Mannes. Heute bin ich wieder neugierig auf die bunte Welt. Ich interessiere und engagiere mich für meine Mitmenschen, für Gesellschaftspolitik und die Vielfalt der Natur. Meine Vier-Generationen-Familie, der Garten und die Haustiere halten mich jung, wenn ich nicht schreibe oder lese.

Schreiben ist mehr als ein Hobby für mich, es ist eine geliebte Leidenschaft, die Spaß macht und lebendig hält. Beim Schreiben sortiere ich Erlebnisse, Eindrücke und Gedanken. Mit dem

Aufschreiben von Geschichten bewahre ich Stückchen vom Leben auf: von Freunden, der Familie und vielen anderen Menschen, die mir ihre Geschichten erzählen.

Für kreatives Schreiben ist es ganz wichtig, offene Sinne zu bewahren. Mich beeindrucken die Bilder der Natur um mich herum, besonders die Veränderungen im Verlauf der Jahreszeiten – diese schildere ich oft in Gedichten.

Und dann gibt es natürlich die Bilder meiner eigenen Phantasie, auch sie werden zu Worten und Geschichten, ebenso wie ich meine moralischen Überzeugungen gelegentlich ausdrücken muss.

Abgesehen von wissenschaftlichen und journalistischen Texten oder Anthologie-Beiträgen habe ich seit 2012 vierzehn eigenständige Bücher in verschiedenen Genres veröffentlicht.

## Kurze Bibliographie:

**Was immer bleiben sollte**. Lyrik zu Natur, Heimat und Welt, Taschenbuch und E-Book, August 2019

**Weihnachtszeit** friedlich sanft bis mörderisch böse Taschenbuch und E-Book– November 2018

**Waldemar** Kein Nazi - Kein Held - Kein Ruhm: Hundert Jahre kleiner Mann in Deutschland (1918-2018) Taschenbuch und E-Book, Oktober 2018

**Die Liebe der Trollprinzessin**: Ein Fantasy-Märchen, Taschenbuch und E-Book Juli 2018

**Du sollst nicht schreiben!** Mord unter Schriftstellern, Krimi, Taschenbuch und E-Book, November 2017

**Lucius:** Die Bürde der Prophezeiung, Fantasy-Roman, Taschenbuch und E-Book, September 2017

**Weihnachten** zart-herb: Geschichten und Gedichte Taschenbuch und E-Book, November 2016

**Neue Liebe pünktlich zum Fest**, Romanze, E-Book, Nov. 2016

**Warum funktioniert der Computer wieder nicht?** Heiter – satirischer Ratgeber zu digitalen Generationskonflikten, Taschenbuch und E-Book, Mai 2015

**Mord bei Kurs Nord**: Zwei Freundinnen ermitteln - eine amüsante Detektivgeschichte, E-Book, August 2015

**Wenn Wellness nicht gut tut**, Krimi, E-Book, November 2015

**Kein roter Faden** - weil das Leben bunt und unfair ist: Geschichten für lange und kurze Momente, Taschenbuch und E-Book, August 2015

Ausführliche Beschreibungen der Bücher findet auf meiner Autorenseite unter „Notizen" und im Fotoalbum "Veröffentlichte Bücher" hier:

www.facebook.com/greschkeb/?ref=bookmarks

oder auf meiner Autorenseite bei Amazon.

Weil es jährlich fast 100.000 Neuerscheinungen auf dem deutschen Buchmarkt gibt, freue ich mich besonders, dass du dieses Buch gefunden hast.

Es ist schwer für uns Autoren, in den digitalen Katalogen aufgefunden zu werden, aber wenn dir das Buch gefallen hat, kannst du mir mit deiner Bewertung auf einer Verkaufsplattform helfen, etwas sichtbarer zu werden. Damit machst du mir eine große Freude.